松本功［著］

税金を使う図書館から税金を作る図書館へ

ひつじ書房

まえがき

ここ数年、本を巡る議論が行われてきた。この本は、書籍を巡る議論の渦中に、『図書館の学校』に26回に渡って連載した文章をまとめたものである。

岩波書店などの人文書の専門取り次ぎ店である鈴木書店が倒産し、老舗の出版社である小沢書店や社会思想社が倒産し、発行される書籍の種類は7万2千点と増加しているのに書籍の売り上げは、6年連続で減少し、一冊あたりの実売部数も減っている。読書調査は、大学生や高校生が本を読まなくなっていることを示しており、学校の教師は本を読まない。新古書店が増える一方で、公共図書館は予算を大幅に減らされている。書籍の業界は曲がり角にきているということは確かである。『だれが「本」を殺すのか』（佐野眞一　プレジデント社）が、ちょっとしたベストセラーにもなった。（私もこの本の登場人物の一人である）多くの人にとって、本の世界が変わりつつあることは、そんなに重大なことではないかもしれないが、社会の節目であるということは間違いない。

『図書館の学校』の連載で、常に考えていたのは、大げさと受け止められるかもしれないが、本は、消えてしまうのかということだった。出版社を経営し、編集を営むものにとって、厳しい結論になるが、われわれ市民にとっては、本や出版というものが必要のないものであれば、消え去ってしまってもおかしくない。この機会に、存在の理由をもう一度、問い直してみたいと思った。

さらに、私は出版社を経営していると同時に、一人の子供の父親でもある。自分の子供を育てるのと同時に社員たちといっしょに仕事をしている。いっしょに仕事をして、社長も社員も育つと言うことである。連載の中で考えていたもう一つのテーマは、人が育つ、育てると言うことのたいへんさについてであった。（スターウォーズのジェダイの騎士の行く末に注目せよ！）

さらに私は、開店休業中ではあるが、一九九八年から「投げ銭システム推進準備委員会」というものを主催している。インターネット上のコンテンツに対して、優れているものであれば、情報を受けた方が、自分の自由意志でカンパを送ろう、送れるような仕組みを作ろうというものである。こんな運動をしていて感じたことは、作り手に対するシンパシーは成り立つのだろうかということであった。そのためには作るということへの批評も含めたサポートが必要だということを思った。

本について考えること、人を育てるということについて考えること、情報の作り手を支援する方法を考えること、この三つから、情報をはぐくむということについて考えた。その時に思ったことは、情報を消費するだけではなく、作り出せる人間をはぐくむものが、本であり、図書館であってほしいということだった。21世紀は、情報や知識というものへの考え方が、20世紀とは異なったものになる。情報は消費するものではなく、情報は参加して、作るものであり、それによって何かを生み出すものになる。

本にしろ図書館にしろ、消費型の情報ではなく、生産型の情報になる。ここで言っている生産というのは、生きていくという意味である。

その意味で、本書を「税金を使う図書館から税金を作る図書館」とした。実際に税金の作り方が書いてあるというわけではないが、図書館は作ることを支援するところであるという発想に変えたいという思いでつけた。「良書を読んで、よい教養人になる」という人がいるが、その時の良書や教養というものは実際には何なのだろうか。社会と関係を持たない教養があるのだろうか?教養を読んで何やら賢くなるというような情報を消費することに主眼をおくのではなく、何かをするときにサポートしてくれるものに変えたい。教養というものの考え方自体を新しくしたい、社会を理解したり、変えるときに、実際に役に立つ知識をこそ、教養と呼ぼう。一方、「本はエンターテインメントであり、教養なんか関係ない」という人もいる。私は、こちらも違うと思っている。世の中にはいろいろ課題があるのに、傍観者であるだけでよいのだろうか。社会を変えていくような情報を作り、提供できるものが、本当の良書だと思うが、これまでの「良書」と「役に立たなくてもよい」という発想から自由になりたいために、役に立つ情報、もう少し踏み込んで税金を生み出す情報と言っているのである。

何も特別な話ではなく、医者でたとえるとわかりやすいだろう。やぶ医者でも何でも、医者であればありがたがられ、医師も病院も、特に何もしないでも患者が来てくれた時代から、きちんと病気を説明でき、好感度もよく、しかも診療が的確である医者でなければ、人は病院に行かなくなった。病院は、サービスにこころを配るようになった。これと同じことが本の世界にも起きているに過ぎないといえるのだろう。たいした内容でなくても、本を買ってもらえた時代はあった。これからは、楽しくて、ためになり、感じのよい本しか生き残れなくなったということに過ぎないのだろう。これは本も図書館も同じことである。

普通に役に立つこと、そのことを丁寧にこころがけよう。そんなあたりまえのことにやっとたどり着いたにすぎないのかもしれない。その程度のことに気が付くまでにどれだけの時間と頭をフル回転することが必要であったことか。その記録が本書である。ない頭をぐるぐる回して考えていた軌跡が本書である。今となっては、状況も変化したし、考えの変わったものもあるが、書籍を巡る議論の中で、その時々に考えていたことをできるだけそのままとめた。この2年間という特別な時期に、本と図書館を巡って考えた記録である。

目次

まえがき……2
第1回　理想の図書館へ……8
第2回　本をバリバリ破ろう……11
第3回　公園のベンチのとなりに図書館を……14
第4回　マニュアル依存症の大人に調べ学習を提唱できるのか……17
第5回　いい本を読んだって人は優しくならない……20
第6回　ＩＣカード・作り手の存在を思い浮かべる仕組み・図書館……23
第7回　図書館で不登校児を受け入れよう……26
第8回　図書館を進化させよう……28
第9回　図書館が書き手を支えよう……31
第10回　図書館の新しい役割……34
第11回　進化する図書館の会へ……37
第12回　オンラインテキストを共有するために……40
第13回　情報を作るコストに想像力を……43
第14回　投げ銭シンポジウム……46

第15回　海賊版を義賊だと思う人々……49
第16回　複写機にライセンス処理機構を……52
第17回　あえて、ビジネス支援図書館というものを提案したい……55
第18回　ビジネス支援図書館……58
第19回　「出版社の作り方」はメディアリテラシー……61
第20回　企画をかっちゃおう……64
第21回　ビジネス支援図書館と湯婆婆……67
第22回　ビジネス支援学校図書館……70
第23回　つぼ八と図書館……73
第24回　棚がお客を選ぶ……76
第25回　サービスができて、専門家……79
第26回　お金に笑うもの、お金に泣く……82
あとがき……86

第1回　理想の図書館へ

ひつじ書房という言語学の小さな出版社を、夫婦とよろず見習い一人でやっている。中心は三人で、後はアルバイトというこじんまりした会社だ。今はやりのことばでいうとSOHOということになる。SOHOのSはsmallで、Hはhomeだ。Hもその通りで、実は昨年の六月から、もうすぐ四歳になる一人娘を自転車に乗せ、20分かけて夫婦で子連れ通園・出勤している。

SOHOという立場は、いろいろと考えさせられることが多い。会社の代表と言っても、零細企業の経営者というニッチな位置にいると、いろいろな問題が見える。しかも、出版という仕事からも、世の中が大きな曲がり角であるということが分かる。

簡単に説明する。一九八〇年代まで、情報や知は上から下に流れるものであった。そんな中では、本は上からの情報を、きれいに組み上げ、形にし、印刷し、製本して、読者に届けるものだった。与えられる情報を吟味して、それを作っていればよかったわけだ。

でも、今、誰が大学で行われている知識を無条件に尊敬しているだろうか。どこで新しい知識が生まれているだろうか。大学というものは、ヨーロッパもいれれば、数百年の伝統のある知の産地だったはずだ。それが産地としてのパワーを失ってしまった時、どうすればいいのか。

世の中は、いよいよ混沌の中に入っていく。銀行が「徳政令」を受け、国民の税金と低金利によって無理矢理救済される。銀行マンはエリートであったはずだが、だれも責任をとらない。エリートは判断力の故にその地位があったはずなのに。既存の仕組みと知は、だれも信用しない状態になった。つまり、知的な営みがないし、それをだれも作ろうとしない時代だ。

でも、そんな時代だから本が売れないのは当然だという前に、こんな時代を作ったものこそが、本だと反省すべきなのかも知れない。与えられた知を受け入れていればいいとしたのは、まさに本だったからだ。

こんな時代。指針となる知恵もない時代に、学校で子ども達が静かにイスに座って、先生を尊敬しろというのはどだい無理でないか。話すべきものがないことは仕方がないにしろ、学校の中のどこに新しい何かを見つけよう、作り出そうという兆しが見えるだろうか。

知的な何かを作り出そうという動きはどこにあるか。サラリーマンは、一六〇〇円というわずかなお小遣いを節約するために図書館に行く。どうして、『五体不満足』を自分のお金で買おうとしないのだろう。どうして、自分の知的な何かを向上させるための投資をしようとしないのだろう。

どうして、小遣いを節約するのではなく、新しい事業を起こすための情報収集を行わないのか。そしてそのために図書館を使わないのか。

あるいはもうどこにも学ぶべき知がないのなら、知を作る作業にとりかかるべきなのではないのか。でも、そんなことできるはずがないと言うのだろうか。

だから、もうゼロからはじめるつもりで全部を投げ捨てて、やり直した方がいいのではないだろうか。たぶん、図書館も図書館と呼ばれる必要のないものになってしまうのかもしれない。それは図書館だけが消えてなくなるのではない。公民館も博物館も、そして大学も学校も、出版社も書店も全てが同時に無くなってしまうのだ。そして、その中から何かが、どうしても必要なものが集まって、形をなして行くだろう。それは、たぶん、理想の図書館に違いない。

理想の図書館は、知を産み、育て、議論を促し、新しい社会を作る何ものかであるに違いない。それは、いままでの図書館を乗り越えた全く違う何かではないだろうか。

これでは、あまりにもわけがわからない。その兆しを予感してみよう。私は、インターネットに兆しがあると見る。インターネットは、自分の話したいことを聞き手を意識しないで、一方的に話しているだけの、カラオケの歌い手のようだと言われる。今はそうだろう。しかし、人々がお仕着せの情報を消費するだけではなく、語りだしているということに注目すると、これは人類の歴史はじまって以来の新しい出来事だと言えるのではないか。その独りよがりの情報発信たちが、他人との対話を意識し、全体に質が向上していったらどうだろうか。

すべての人が良い語り手であると同時に良い聞き手である空間。私は、それは理想の図書館ではないか、と思うのだ。今に絶望するのではなく、身の回りにある限られた材料を少しでも良くしていくこと。たぶん、それには個人の果たす役割は大きいだろうし、既存の図書館というものも大きな役割を果たすだろう。このような視点で、連載をはじめることにする。

（一九九九年一二月）

第2回　本をバリバリ破ろう

この秋、出版界や図書館の方などが集まって開かれる「本の学校大山緑陰シンポジウム」に参加した。私は、二度目の参加であった。

最終日、前日の分科会の報告が終わり、会場の人々が感想を述べる場面になった。分科会に分散していて、それぞれの状況がはっきりつかめない中であったけれども、図書館の関係者と思われる少しお年を召した方が、「図書館で子どもたちにいい本を読み聞かせをすると子どもたちの目が輝く」といった趣旨の発言をされた。もっとそのような読み聞かせの運動を進めて、図書館をより身近なものにしていこう、という内容だったように思う。記憶なので定かではないところがあるが。

私には、前回も書いたように四歳近くの娘がいる。彼女は「本を読んでほしい」と言ってくるときがあって、私もたびたび、同じ本を何度も繰り返し読まされることがある。その時は面白がって読んでいる。と同時に、一人で物語を作って勝手に遊んでいる時もあって、そんな時には、部屋にはいるとはずかしいから出ていってくれと言われてしまうときもある。また、娘が登場人物を決めてきて、それで話を作ってくれとせがまれることもある。話をしてやると自分でもいろいろつけ加えたり、ストーリーを自分の好みに変えてしまうこともある。

何がいいたいのか、というと、本を読むことだけではなく、むしろお話あるいはストーリーを作り替えることも楽しみではないか、ということだ。私には本はきっかけとして重要であるにしろ、むしろ話の中の一部のように感じる。そのことから振り返ると、「本の学校」での図書館関係者の方の発言は、どうも本というものはいいものである、本さえ読ませればいいのだ、というニュアンスが強いように感じてしまうのだ。私が意味を取り違えた可能性も低くはない。とはいうものの、本というものが純粋にいいものである、という気持ちがどこかにあるのではないか、と感じる。

出版社を運営していて、本を刊行することを仕事にしている人間の発言としてははなはだ不穏当かもしれないが、私は本は信用してはいけないのではないか、と思っている。本だからいいことが書いてある、本を与えて読んであげれば、子どもは良く育つというのは、不自然な気がする。

本というものは間違いもあるし、欠点もある、読ませない方がいい場合もあるというふうにどうして思わないのだろう。これは、じっくり選んでいい本だけを渡せばいいということではない。本というものが持っている本質的な嫌らしさをどう感じるかということだ。

嫌らしさの本質は、綺麗でまとめられていて、権威があることかもしれない。綺麗な活字と綺麗な絵。それがおしつけがましくない場合であっても、いい本だと思われた瞬間、正しいことが期待されてしまうように思う。本には正しいことが書いてあるような気がする、その気配がどうも気に入らない。これは説教臭くない良くできた本もそうだ。たとえば、ラーメン屋の子どもが主人公の童話はあるか。

商売人の子供に商売人としての希望を与えるような童話はあるだろうか。勤め人で核家族という生活スタイルが童話というものを産み出したのかもしれないが、それ自体を突き破るものが、本や図書館にあらわれえないものだろうか。

私は、こう思う。読み聞かせることを否定はしないが、大人が、子どものそばで本を読んで、うんうん、うなったり、嘘付けと本をののしったり、感心したり、破り捨てたり、切り取って壁に貼ったり、がりがり鉛筆で書き込んだり、関係する内容を見つけたら本に貼ったり、ということを見せるというでもなく、やってしまう、そういうことがあっていいのではないか。

私は本を愛しているが、同時に憎んでもいる。憎むとまでいわなくても、ぞんざいに扱うときもあるし、丁寧に扱うときもある。子どもに何かを教えるものとして扱うのではなく、もっと本を権威ぶらないものとして、一緒に生活することができないか。図書館で本を破ることはかなわないだろうが、複数の意見の対立する本を積み上げて、うなってみたり、ぶつぶつ文句をいいながら読んでみたり、そういう読み聞かせもあっていいと思う。なぜなら、本の中に結論を見出すのではなく、本とともに見出すことが今、求められているだろうから。だれもが書き込めるノートに限りなく近い本というものが、可能か。そういう本が可能だとして、図書館はそういう本を持てるのだろうか。

（二〇〇〇年一月）

第3回　公園のベンチのとなりに図書館を

電子書籍コンソーシアムが作った読書端末を見た。知人の評判は、重い・遅い・直ぐ電池が無くなるで、さんざんなものだった。私自身は、あまり期待していなかったこともあり、面白いおもちゃを見たという程度の感想だ。といっても、否定的なものではなくて、文庫だって、はじめて登場した時はさんざんな評判だった。受け入れられるものは受け入れられるだろう、そんな気がする。

前回から触れている「読み聞かせ」ということでいうと、こういう地域があるのをご存じだろうか。街角に「読み聞かせ読書端末」があって、自分で街角を移動することができる。その上、子どもたちの反応にインターラクティブにこたえてくれる。子どもたちが乗っているときには、さらに劇的に、そうではないときにはさらりと。そんなものが、5円とか10円とかでやってきてくれた。そういう国があった、というとそれはアメリカなのか、それともどこなのか、とお聞きになるかも知れない。それは日本で、たった数十年前の日本のことだ、といったら、どう思われるだろうか。種明かしをしよう。紙芝居のことだ。

ほぼ定期的に公園のすみとか、ある特定の場所に現れ、あめ玉とか小さな駄菓子を子どもたちに買ってもらって、きまったストーリーを話す。と、まだまだ車が少なかった時代、路上はすぐさま劇場になり、読み聞かせの舞台となった。ささやかな金額（それをも払えなかった子どももいただろう）で、おじさんは語りかけてくれる。おじさんは、子どもたちの顔を見て、機嫌を取ったり、おだてたり、あるいは怒ったりしながら、話しを聞かせただろう。

街角に図書館があり、劇場があり、子どもを叱ったり、ほめたりする人がいて、しかも、それを生業とする仕事人がいた。それをたったの5円とか10円の小遣いでみんなで支えていたのだ。紙芝居には、高級な内容はなかっただろう。しかし、その物語で、子どもたちを賢くしようという賢しらも、良い子にしようという教育的配慮もなかっただろう。なによりそのはした金で、そのおじさんが生きているという切実さが、たぶん、何かを感じとらせていたのではないか。そういう人とともに生きるという実感。公共図書館関係者は、図書館がお金を取ることに対する拒否感が強いが、こんな5円や10円のことで、お金儲けと呼ぶのだろうか。かつかつの生活があっただけだろう。これは、主体的ではないかも知れないので、ボランティアとは言えないかも知れないが、儲けを目的としていない（できない）という点では、NPOといってもいいのではないか。

こういう金銭が媒介している「読み聞かせ」を不純と考えるだろうか。私は、その時の小銭を「強欲」とか「せこい」と考えることはできないと思う。「無料」を絶対視しなくてもいいのではないか、と思う。なぜ、そのような「読み聞かせ」が失われてしまったのか。それは、図書館という本を借りて読むという空間に変わってしまったと考えることもできるし、テレビや映画のようなもっと本格的な

「芝居」に移ってしまったのかもしれない。もっとも、道は車であふれ、舞台にはならなくなってしまったし、日本人も家庭にテレビが入り、豊かになったのだろう。厳密には、メディア学者の解明をまとう。しかし、紙芝居を不要にしてしまった流れのひとつに図書館という無料の「公共」読書空間があるのは間違いないと思う。無料であることが本当にいいことなのか、そして、きれいな建物に守られた公共空間というものが、「話し」を閉じこめてしまわなかったか。

でも、街角に読み聞かせしてくれるおじさんが、いる。これは、街角に図書館があるということだと想像できないか。小さなうらぶれた「読書端末」にすぎないのかもしれないが。くりかえしになるが、しかも、何か良いことを教えようと言うのではなく、生活が掛かっているという切実さで読みかけている。良いことを良い本で良い場所で良い人が伝えることができるという思い込みは、考え直した方がいいのではないかと思う。図書館が、街に溶け出していく姿を示唆しているような気がするし、街角が即興の移動式の本を読む場所になる。そんな情景を夢想することは、決して悪いことではないような気がする。図書館にベンチを置く、それもいいだろう。だけれども、公園のベンチのそばに図書館を置くということがあってもいいのではないか。車で回ってくる移動図書館ではなく、空間ごとではなく、街の中に仕事道具の紙芝居と荷台の付いた自転車と身一つで現れるおじさんとして。

（二〇〇〇年二月）

第4回　マニュアル依存症の大人に調べ学習を提唱できるのか

マニュアル世代ということが良く言われる。マニュアルに書いてあることはきちんとこなすが、それにのっていないことには気がつきもしない。マニュアルに書いていないことには対応もできないという。

最近、驚いたことがある。娘のために買った児童雑誌を見ると基本は絵本なのだけれども、ほとんどすべてのページの隅っこに「おうちのかたへ」というコーナーがあり、このものがたりの意味は、ひらがなを教えることで、子どもに興味をもたせるようにこんなふうに話しかけてみましょう、とか、こういうふうに話しかけてみると効果的ですなどと、指導用のあんちょこコーナーがあるのだ。本当は、ただ、単純に読んで楽しめばいいはずのこどもの本に、そんな読み方、読み聞かせ方までかいてある。

これはすでに親もマニュアル化されていて、そこまで親を指導しないといけないということになっているのか。多くの親はそんなものを無視するだろうが、それが付いていること自体、あんちょこ通りにしていう親もいるということなのだろう。そうなると本を最初に読む、読んでもらう時から、どう読んだらよいのか、マニュアル化されていて、その通りに読もうとする親もいるということだろうか？　マニュアル化された読み方で読み聞かせられてしまう子どもたち。

自由に読むべき本も、読み方が書いていないと読めないくらい親の世代も既にマニュアル依存症になっているということだろう。そんな親にマニュアル通りに読まれてしまったら、子どもにとって、本はどういう存在になるのだろうか。自由であるはずの本は、単なるマニュアルになり、単なるマニュアルの語りきかせになってしまうのではないだろうか。楽しいだろうか。たぶん、子どもは本が嫌いになるだろう。あるいは、マニュアル化された親に育てられて、マニュアル化した子どもに素直にスクスクと育つことになるのだろうか。マニュアル化されているということ、マニュアルがあると思って疑わない気持ちには、最初からこういうふうに読まないといけないと言う模範的な読み方があると思っているということだろう。

もしかしたら、学校がおおもとでそもそもそうした教育をしているのではないだろうか。あるいは学校という場所自体が、そもそも、すでにある知識を効率よく伝授するところで、マニュアルに合致した人間を作ることが非常に得意な場所だったのではないか。皮肉な見方をするとそもそも答えのあると分かっているものを、大人の視線にかなうようにとにかく見つけだすことをトレーニングする場所だったのではないか。つまり、マニュアルとマニュアル人間を作り出す場所だったのだ。

だとすると学校図書館や公立図書館を調べもの学習に使う、というのも、それがいままでのように読む本まで与える教育よりは、マシだろうと思うが、学校という空間の中で機能するのだろうか。出版業界の中では学校の先生は、本を読まないというので有名だ。自分で何かを考え出すことがそもそも自分の日々の仕事の中で行われているのか。教師たち自身がやってもいないことを教えられるものなのか。調べ学習はまず、学校の先生にやってもらう方がいいのではないのか。さらに、図書館の中だけに調べることがあるわけでもない。図書館の中に、答えがあるかのように思わせないだろうか。すでに解くべき問題はたくさんあり、それの答えは図書館にある。そのことがそもそも間違いのように思う。本なんてたいしたものではないのだ。本に書いていないことの方がだいじなことは多い。

本当は、大人たちがどんどん問題にぶつかり、解決していく中で図書館を使っている姿を見せるということ。さらに図書館にないものを作り出すこと。それが大事なのではないか。小遣いを節約しに行くのではなく、まさに今問題になっていることを解決するために図書館に出かけていく。教師も親も、実は重症なマニュアル依存症で、直ぐ答えをほしがり、自分で調べたり、考えたりもしていないのに、そんなことをよくもまあ、子ども達に調べ学習を押しつけたら、よけい深く白けてしまうだけではないか。

学校がアンチマニュアルの場所になるということは、学校が学校じゃなくなるということであり、図書館が、調べ学習の基地になるということは、図書館が図書館ではなくなるということなのではないか。

（二〇〇〇年三月）

第5回　いい本を読んだって人は優しくならない

いじめはいけないことだ。このことはだれもが疑いをはさまないだろう。学校の中で（もちろん、社会でも）いじめが起こるそのことをやめなければいけない。このことをだれも否定しないだろう。では、子どもたちの間にいじめを無くすために、学校や図書館でいじめはいけないことだという本を読ませたり、紙芝居や人形劇でそのことを教えることはどうなんだろうか。

多くの大人たちは、子どもに良いことを教えれば、悪いことはなくなると思いこんでいるようだ。良いことが書いてある本を読ませることがいいことだと思っている気配がある。

子どもたちは、学校でそのたぐいの本を読んだ後に、先生に「いじめはいけないことだと分かった。いじめられている友達がいたらたすけてあげたい」と答えるに違いない。これで、良い本を読ませた効果が上がったと考えていいのだろうか。子どもたちのこころが豊かになったと判断してよいだろうか。

そういう本を読ませる先生や親の善意には疑いをはさむ余地はない。しかし、先生や親が目の前にいて、答えてほしい模範解答が透けて見えてしまうなかで、その場を取り繕うと思わないのだろうか。子どもたちの側も、大人たちがまじめに取り組んでいることを、わざわざ否定するのも気の毒だし、白ける気持ちもあるが、めんどくさいので受け入れた振りをするのだろう。心の中で「わかってないな」と感じながら。

私は、言葉や文字だけでは、子どものこころに入っていくことはできないと思う。本を読ませただけで、人間を救ったり、優しくすることはできないし、できると思っている大人たちは無神経だ。口先だけの言葉だけで、どうして人間のこころを変えられると思うのだろうか。自分たちが、自己満足するだけではないか。この場合の口先ではなくて、実行というのは何かと言うことは本当は難しいことだから、見ない振りをしているのだろうか。言葉で話しかければ、その気持ちが相手に伝わるのだろうか。言葉の裏側に隠されているご都合主義が伝わるだけではないか。

かつて、本を読んでいると「本なんかよんでいても、利口になるばっかりで、生きていく役に立たない」と言われたという。本などは、本当の意味での生きる力を付ける役に立たない、理屈だけのものだと思われていた。私は、これはまっとうな感覚だと思う。本は、知識は付けてくれるかも知れないが、生きる力をつけはしない。どうして冷静な常識が失われてしまったのか?

本を読むなと言われるところで本を読むことは、意味があることだが、本や文字が肯定され、推奨される中では、本は有害になってしまう。頭の中だけのバーチャルな知識は、現実世界によって検証されなければ、単なる夢想や小理屈になってしまう。しかし、今は、どこにも常識を教える世間もない。世間や常識はどこにあるかというと、それは大人たちの生活の仕方、生き方、稼ぎ方にあるのだろう。サラリーマン社会に常識や世間があるだろうか。結局、世間は学校的な空間によって、なしくずしにされてしまった。

口ではいいことをいいながら、勉強のできない級友をさげすむ口調の親や先生なら、自分で稼ぎ方を示せず、結局、良い学校に行ってほしいとしかいえない親なら、「いじめはいけない」というその言葉は、インチキだと子どもたちに分かってしまうだろう。言葉だけでその言葉を支えている世の中を動かそうとしなければ、言葉を信用しなくなるだろう。

今までの連載の中でいいたかったことは、本や図書館を再生させるためには、本や図書館に限ってものごとを考えていてはダメだということなのである。文字や本がいくらたくさんあっても、それはいままでのよい知識があふれ、整理されている学校的な空間が充実することでしかない。その学校的な空間が、世間や常識や生きていく知恵を破壊したと考えるなら、もっとちがったものを作り出す必要があり、そのために図書館が生まれ変わる必要がある。もし、生まれ変わることができれば、そこから再スタートすることができるだろう。

それは世間や常識、生きていく知恵を復興し、再構築するための新しい空間になるということだ。そうであってこそ、学校から逃げ出してきた子どもたち、社会を作りなおそうとする大人たちへの支援の場所となることができる。

どうしたら、学校的な価値観をこえて、人が生きることの支援を「図書館」ができるのだろうか。

（二〇〇〇年四月）

第6回　ＩＣカード・作り手の存在を思い浮かべる仕組み・図書館

坂本龍一は、アーティストの著作権をまもるために、新しく音楽家の権利を考えるＭＡＡ（メディア・アーティスト協会）という団体を作った。インタービューで、著作権を守るには教育していくしかないと述べている。著作権を守るということは今まで教育されてこなかったので、これから教育を行うべきということらしい。

今までは著作権に対する教育がなかったのだろうか。いや、今までの教育がゼロなのでこれからはじめようという認識は間違っている。むしろ、こう考えた方が正確ではないか。十分にすでに行われている。それはどのような教育か。マイナスの教育をすでにかなり盛んに行っているのである。

学校は著作権を尊重するという教育ではなく、著作権は無視する、尊重しなくてもいいという教育を今まで続けてきたのではないのか。著作権をないがしろにしろなどという教育はしていないというかもしれない。が、そうか。学校では教育上という名目で、資料のコピーを認めている。学校で先生たちは、簡単にビデオ番組をコピーし見せていないか。演劇の台本も、授業で使うものは許容されているともいえるが、学校演劇で上演する場合は、別のやり方が必要なのに、それを行っていない場合も多い。教育のためという言葉さえ使えば、どんなものでもコピーしてよいと思っているかのようだ。大学でも、先生はどんどんコピーして学生に配っていることもある。

さらに図書館はどうだろうか。大学図書館の中には複数のコピー機が備え付けられ、自由にコピーできる。簡単にコピーできるという教育。部数の少ない研究書は、研究のアウトプットであると同時にさらに研究を生む、母胎だ。コピーをしすぎることは、本の出版を困難にし、研究の発表自体を困難にする。大学が、研究を促進する場所なら、趣旨が違っているのではないか。コピー代はとっているが、そのお金はコピー用紙の紙屋さんとコピー機メーカーに届けられる。

「複写権センター」という著作物の権利を守ると称している組織がある。が、全く機能していない。やる気もない。なぜなら、大学が複写に対する支払いを認めていないからだ。大学での書籍のコピーは、その本を書いた研究者にも、出版社にも何のフィードバックもない。ＪＡＳＲＡＣは著作権料を払わないカラオケ屋を経営しているヤクザと喧嘩までして、音楽家の権利を守っていることと比較すると大学を訴えもしない複写権センターは、いったい何の意味があるのだろう。

図書館では複写する権利は法律でも認められているという人がいるかもしれない。しかし、本まるごと一冊ではないはずだし、論文全部でもないはずだ。それはコピー機が普及する前の原則だろうし、何でもコピーしていいというところまで拡大するとそもそものおもとの作り手が生きていけなくなる。作り手が生存できないということを保証しているということはないはずだ。学生は、ここでも、コピーはしほうだいだということを学んでいる。

さて、義務教育の公立の学校には、生徒一人あたり80万円近い税金が投入されている。無料でコピーすることを何とも思わない先生方の給料もそこから支払われているわけだ。これを生徒に直に手渡ししたらどうだろう。生徒に80万円をＩＣカードの形で渡す。毎月、その中から先生たちへの給料を支払う。そして、資料をコピーするときも、そのＩＣカードから支払えばいいのだ。

生徒たちは、自分の判断で、自分に与えられた税金の使い道を選ぶ。不登校になって、図書館で勉強することを選んだ子どもは、学校へ払うのをやめ、図書館でそれを使って自分の読みたい本を買ってもらうことができるし、必要な資料をコピーしたいときにはそれを使えばいい。その時は、紙代とコピー機のリース代を負担するというだけでなく、作家と出版社にフィードバックされる仕組みを組み込むのだ。

ＩＣカードで、自分の税金を自分の判断と責任で使うという仕組みを作れば、自分がコンテンツに対して、負担していること、そのお金で、作り手を支えることができるのではないか。授業で、著作権を守りましょうなどと口先でいっても、職員室や図書館でばんばんコピーしているようでは、話しにならない。実際に、相手にお金を渡せる仕組みこそが作り手の存在を実感するためには必要なのではないか。

（二〇〇〇年五月）

第7回　図書館で不登校児を受け入れよう

図書館で不登校の子どもを受け入れたらどうか、という提案を前回、行った。学校にいかない子どもたちが図書館で勉強できるようにし、生徒に配布される税金をＩＣカードにして図書館で使ったら、どうだろうかということを述べたわけだが、そもそも図書館が、不登校の子どもをきちんと受け入れているという例があるのだろうか。もし、組織的にそのようなことを行っているところがあるのであれば、ぜひ、教えてほしい。松本宛でも、図書館の学校の編集部あてでもよい。

不登校の子どもは、本が好きである場合も多くて、図書館が好きな子どもも多いそうだ。ある人に聞いたところでは、大阪のある図書館では、昼間から図書館に子どもがいると、不審に思われるということがあり、学校に依頼して、不登校児であるという証明書を発行してもらった例があるという。

どうも後ろ向きである。どうして学校に通っていないとおかしいと地域でも図書館でも思ってしまうのだろうか。自分で昼間勉強したり、本を読んだりするのがそんなに変だろうか。

学校にいかない子どもが、図書館にきていることをおかしいと感じる感覚の裏側には何があるのだろう。図書館は、あくまでも教育について学校の副次的な存在だと思っているのだろうか。学校には先生と生徒しか通ってこない。図書館には、普通の大人たち、調べものをしている人間、さまざまな人が通ってくる広場のようなところがある。その機能を充実・拡大しようと思わないのだろうか。むしろ、多様性が保証されている本当の知的な場所だと思わないのだろうか。

私は、図書館こそが、二一世紀の知的インフラとして、学校よりも何よりも重要なものであり、現在振りまかれている教育予算の半分を、図書館に向けるべきだと思う。学校で学んだことは、大半、役に立たない。結局、実生活の中で、学び直さなければならない。せいぜい、二〇代前半までしか意味もない。だとすれば、一生学ぶことのできる図書館の方が子どもや大人、市民にとっては有益ではないか。その予算の半分がくることになれば、今の予算の数千倍になるだろう。

学校よりも図書館の方がいい。学校は先生と生徒しかいない。図書館は、いろんな人がいる（はずだ）。図書館が、子供をはじめ、年齢を問わず、何かを学びたい人をサポートする場所としてもっと積極的に名乗りを上げて、予算をどんどん獲得するべきではないだろうか。

（二〇〇〇年六月）

第8回　図書館を進化させよう

図書館の予算が少ない。確かに予算は少ない。図書館シンパの私は、図書館の持っている教育の機能を重視して、学校にふりまかれていた予算を、図書館にぶんどりたい、と思うわけである。どんどん、予算を増やさないといけない。東京新聞によると理系の研究所に対して、文部省は六四〇億円の予算を増やしたそうである。

一方、県立図書館レベルで、年間一億円以上の予算が付いているところはほとんどない。であるなら、これは七〇〇箇所の県立図書館の分だ。理系の研究費はほとんど機材に使われてしまうことを考えると業界に連なった一部の研究所に税金を降らせる一方で、普通の人が情報を入手するためのインフラには資金が流れてこない。

科学びいきの人は、「科学の研究は、将来何かを産み出すだろうし、それが国のインフラだが、図書館は、過去の資料を集めているだけでしょ?第一、ソニーもホンダもなければ、税収もなくて、図書館の予算なんてでてきようもないんじゃないの。だから産業を充実させる方が先さ」というかも知れない。図書館は過去の教養を蓄積しているだけのところなのだろうか?

　これについては、反論をするつもりだが、その前に、図書館の予算が少ないことを嘆く集会が、いくつか開かれているけれども、どうも「いい本」を買うための予算が少ない、子ども達に良書を読ませなければいけないのに、その予算がない。という趣旨で開かれているのではないか?

　私は、図書館を、教養書を蓄積しておくところだと考えるのは—否定しないが—そろそろ、やめた方がいいと思う。それは一番目の目的ではなくしてしまっていいのではないか。

　この「図書館の学校」でも何度か、書いているジャーナリストの菅谷明子さんが中央公論の一九九九年八月号に書かれた「進化するニューヨーク公共図書館」という記事がスゴイ。ぜひ、元の記事に当たってほしいが、私が感銘を受けたことは、図書館が、ビジネスを見つける場所になっていたり、図書館が起業家への支援を行っていることである。

　ゼロックスもリーダーズダイジェストも、みんな図書館でそのビジネスのタネを見つけ、育てることで、大きくなった。ゼロックスは、特許の複製を手でしなければいけない弁理士が、正確に複製する必要性について、図書館の資料のなかから、光を使った複製の方法があることを見つけたことからはじまったものだ。

　図書館は、過去の優れたものを集めて、人々にアクセスできるようにするだけではなく、ここにはまだないものを、見つけるための様々な資料を蓄積しておくことで、今、あるいは将来の問題を解決する糸口を導き出すものだ。そうして、新しいアイディアは、無名で貧しい若者の頭の中で発見される。そういう仕組みがなければ、次の世代を担うビジネスも起きてこない。これは、必要な経費であり、ケチっては、将来に禍根を残すものだ。つまり、不況だから、資料費を削るなどのことは以ての外で、未来のための必要経費なのである。

このような視点に立つなら、理系の研究所に予算をつけると同時に、市民にもっと身近な図書館に予算をつけることによって新しい可能性を広げることができるのではないだろうか。

という視点から、日本でも実際に図書館の情報を使って実際に起業した人はいないものか、このところずっと探している。そういう人がいれば、図書館がそのような機能を持っているということが多くの人に理解されやすい。図書館の機能の一つにビジネスを起こすことがあるということがわかりやすいし、そのために資料代を増やすべきだということを訴えやすい。

ところが、いくつかのメーリングリストで、「図書館で起業した人はいないだろうか」ときいて歩いても見つからない。そもそも、図書館で起業するという意味が伝わらないようなのだ。多くの人の図書館へのイメージが教養書を暇なときに読むという古き良き読書のイメージのようなのだ。今、自分が実際に抱えているビジネス的な課題、あるいは自分の様々な具体的な問題を解決するために図書館を使おう、さらには新しいビジネスの参考にする図書館というイメージがどうもぴんと来ないようだ。

図書館を教養を蓄積するところではなく、情報を発信し、ビジネスを起こすためのインフラとして考え直してみようではないか。図書館の情報で起業した人を知っている方があったら、ぜひ教えてほしいのである。

（二〇〇〇年七月）

第9回　図書館が書き手を支えよう

子ども向けの本の読書の推進運動がある一方で、堅めの本が売れていない。大人たちが、現実には本で調べてもいないし、本を読んでいない。大人向けの読書推進運動があって、会社がはじまる十分前に、みんなが席について本を十分読むという朝の読書運動が必要だ…といったら、笑えない冗談だ。今は、混沌の時代なのに、自分の頭で考えないなんて。「頭は生きているうちに使え」と祖父に言われたものだが。堅めの内容は、別にアカデミックな内容と言いたいのではない。今起きていることをきちんと丁寧に考え、内容をまじめにおいかけていったら、それなりに堅い内容になる。読んでスッキリ、ストレス解消という内容ではなく、暗くなってしまうこと、読む前よりもいっそうわからなくなってしまって、頭を抱え込んでしまうこともある。

最近、山下柚実さんという私と同年代のライターにあった。彼女は『ショーン　横たわるエイズ・アクティビスト』で第一回小学館ノンフィクション大賞を受賞したライターで、佐野元春に長時間インタビューをして本にした、20周年のオフィシャルブックというべき『時代をノックする音』（毎日新聞社）や、最近では『五感喪失』（文藝春秋）を出している。『五感喪失』は、今を生きている人々の身体感覚がどのようにかわってきてしまっているかへの迫真の取材で、現代に迫っている。この本は土壇場での大逆転によって、世に出たという。文藝春秋の雑誌に連載したわけではなく、複数の雑誌にそれぞれほぼ単発で書いた記事をまとめたものだ。

企画を持ち込む段階から、困難に直面することがあると彼女はいう。取材が困難なのではなく、編集者に企画を受け入れてもらうのがたいへんらしい。少し深く掘り下げようとすると、読者が分からないから、わかりやすくしてほしいと言われる。もちろん、難解さを尊ぶ必要はないが、書いても意味がなくなってしまうようなレベルになってしまう危険性もあるという。

先日、『出版社と書店はいかにして消えていくか』の著者の小田光雄さんにお会いしたが、編集者が本を読まなくなっているということだ。今、流行していることは分かる。でも、今、必要なことを見つけることができなくなっている。普通の大人ばかりでなく、本のプロであるはずの編集者がそんな状況だ。

編集者が時代を読めなくなっていると同時に、この背景には、読者への不信があり、どうせ、複雑なことを書いても理解できないし、買ってくれないだろうと決めつけがある。中堅大手の出版社は、この春、そろって文庫や新書を創刊し、書店に押し込んだ。これは、不況下、一〇〇〇円台の本よりも一〇〇〇円を切る本の方が売れるだろうという思惑がある。重厚な本は売れないという判断だ。たしかに、電車に乗っても、一〇〇〇円しない本を、小遣いの節約なのか、図書館で借りた本を読んでいる人が目に付く。

本当に今、考えた方がいいこと。まだ、大勢の人にはそれほど気付かれてはいないが、注目しはじめるべきこと。そういうものを、見つけだして、世に問うという機能が、本と本の世界からどんどん失われている。重厚で、内容の濃いものを出そうという方向よりも、買いやすい本を作って、自社だけは生き延びるというマイナス思考。

前回も触れた菅谷さんの文章によるとニューヨーク公共図書館には、作家と研究者の部屋が作られ、一年間、生活費と、図書館に部屋を与えられ、自分の仕事に没頭できる仕組みがあるという。このような図書館を日本にも作らないといけないのではないか？　図書館は、できた本を貸し出すのではなく、書き手の取材をバックアップし、さらには取材費の面倒までも見ないといけないのだ。そうしないとちゃんとした本が、生産されなくなる。図書館が、情報の貯蔵庫や消費場所ではなく、情報の生成、発信を支援する場所になること。図書館を進化させよう。そういう場所がないと、言論の公共圏ができてこない。私は友人といっしょにささかやな運動を開始することにした。

（二〇〇〇年八月）

第10回　図書館の新しい役割

本がこれほどまでに世の中にあふれていなかった時代を空想してみる。遠い地を旅したものは、多くの人が見たこともない地方の習俗について語る。その人が遠来の旅人であったなら、めずらしい話を聞かせてもらうために、どこかの家に招かれただろう。貧しい家なら、食事と床、裕福な庄屋であれば、長い逗留とおいしい食事で歓待されたに違いない。これは今なら旅行記やテレビの海外訪問ドキュメントのようなものだ。生きた人間が、情報のコンテンツであったということになる。

江戸時代の女性は、武家や商家の家に奉公に行った。全ての人ではなく、多くはない、富裕な家の女性の場合だが、そこで、家事を習い、マネジメントの方法を習い、文化的なしきたりや、教養を学んだ。様々な食事や、歌舞伎などの芸能、お稽古ごと。これは、今なら、大学というところだろうか。教養と経営と実務を学習したわけだ。商家の奥方なら、会計も雇い人を管理するという経営者の要素も必要だった。これら全てを指す言葉が、「家事」だったのだろう。経営書のようなものよりも、実質的な知識は実際の奉公の中で、学ばれていったに違いない。体験そのものが、高度な文化的な受け継ぎを行っていたということになる。

今で言う大学も、本も、図書館もほとんどなくても、問題はなく、必要があれば、直接出向き必要な知識を手に入れた。知識のかたちにしろ、学習というかたちにしろ、現在とはことなったかたちで学んでいたということになる。それが、明治以降、本や学校というかたちに収束していったということなのだろう。さらにいえば、知識のかたちがいまとは少し違うものだったのであり、学校での教育あるいは本のかたちになる過程で、知識のかたちがせばめられていったということかもしれない。

家事が、経営という要素を無くしていったのは、ほとんどの人が高校や大学を卒業し、勤め人になるというサラリーマン社会、学校社会の完成と関係がある。本と学校が官僚制度を作り、サラリーマン社会を作るのに貢献したが、サラリーマン社会がほぼ完成したという時期になって、本が売れなくなり、学校の崩壊が明白になったということは当然のことだろうか、皮肉なことだろうか。本や学校が、農村社会から会社社会へと移り変わる時期の有効な梃子だったということは間違いない。現在の本の危機は、今までの役割が無意味化しつつあるということと、そのことに気が付いていないことにある。

サラリーマン社会の次の時代には、知識はどんなかたちになっているのだろうか？　本や学校と親和性があるのだろうか。本という入れ物に入れると言うことは、目の前にいない人にも情報を伝えることができるようにするということだ。時間と空間を超えて、知らない人に思いを情報を渡すこと。その機能は、インターネットによって強化された。紙によって作られた本というものが必要なのだろうか。情報の共有ということだけに限っていえば、すぐに品切れてしまう紙の本は、電子的なアーカイブに負けるのではないのか？

第９回　図書館が書き手を支えよう

ここで前提から考えたい。根拠は？　と問われると困るが、まず、大胆な予測をしてしまおう。

1　雇われ人社会から、自営社会へ

2　通勤社会から地域在住社会へ

3　上昇志向の社会から非上昇志向の社会へ

4　消費社会から循環社会へ

はたして、この次の時代の中で本はどのような位置をしめるのだろうか。本がこの変化に耐えられるだろうか。いや、こう問うべきだろう。本を作る人、読む人が、本の意味の変化を主体的に作り出していけるのかと。さらにこう考えた方がいい。上段から下段へ変わるときに、本にまつわる世界（本の書き手、作り手、売り手、貸す人、読者）が、主体的に関わることができるかで次世代における本の存在が決まる。新しい社会の仕組みを作るときに、本以外のメディアが、大きな役割を果たせば、そのメディアこそが、知の受け継ぎの新しいプレイヤーになるだろう。断っておくと、本がメインプレーヤーでなければいけないと思っているわけではない。この変化の中で、図書館の意味が大きく変わり、さらに新しい役割が期待されていく。

新しい図書館の像というのはどのようなものだろう。図書館の新しい像を発見したい、という思いから、「進化する図書館の会」というグループをはじめることにした。

（二〇〇〇年九月）

第11回　進化する図書館の会へ

私は、現在、「進化する図書館の会」を主催しているが、それをどうして作ろうと思うにいたったか、まず、前段を説明したい。

私は、一九九八年から、投げ銭システムというのを提唱している。簡単にいうと、インターネット上でコンテンツを作っているホームページ制作者にオンラインで容易にカンパをおくることができるようにするということをめざすものだ。インターネットのホームページの情報は無料のものであって、わざわざお金を送れるようにしようと言うのは理解できないという人がいるかもしれない。

でも、ちょっと振り返ってみてほしい。インターネットは、情報を発信する道具として、今までにないパワーを人々に与えるはずのものだった。一九九五年ころには、インターネットによって既存の新聞社やテレビ局とは違う、個人でも、あるいは市民でも情報を発信できるメディアが生まれると言われていた。ところが、結果、まったくの独り言か企業の広報やオンライン販売のページばかり。当初、期待されていたはずの市民が自前のメディアを作ること、自前の言論の行き交う場所、公共圏を作るようなサイトはほとんどないようにみえる。それはなぜか。メディアを維持し、品質を維持し、向上するためには、経済的な道筋が必要なのにその道がないからだ。

趣味や自分の独り言のサイトがあってもいいが、そうではないもう少し公共的なものをめざすとき、経済的なパトロンシップが可能でないと困る。さらに、オープンソースを単に、無料であるから自由である、との誤解から、インターネットは無料である、お金を取ることは間違ったことであるという風潮が定着していったこともある。電話代も、接続代も、コンピュータも無料ではないのに、コンテンツは無料でなければいけないという主張が流れていった。無料が、善意の保証であり、公共であるという行き過ぎた信仰がここにもあるように感じる。

私が出版社を経営しているから、感じるのかもしれないが、テーマを見つけ、取材して原稿を書くこと、それを編集すること、本にすることは、タダではできない。本というのは、できてしまえば、コピーすることも、借りて読むこともできるが、作る過程は、たとえ、ささやかなものであっても経済がまわっていかないとだめなのだ。

研究書を出す。それは五百部とか千部とかの少ない部数しか発行されない。重版できない場合がほとんど。そういう本は、個人でも買われるが、大学の図書館にも入ることがある。そうすると将来はそのジャンルで身をたてていくはずの大学院生たちが、大学図書館でコピーをしてしまうことがある。安い値段で発行しているわけではないので、買わないといけないと主張するつもりはない。しかし、図書館でコピーするにしても、書き手と作り手に思いを寄せてほしいとは思うのだ。それがないと結局、自分たちの発表の場もなくなってしまうだろうから。思いを寄せた時にそれを表明したりする方法を作りたい、その願いとインターネットの情報発信と結びついたのが投げ銭だった。

インターネットが進んで、図書館がネットワーク化されて、さらに電子国会図書館ができて、そこに本が全てデジタル化されて貯蔵され、貸し出し、閲覧されたらどうなるだろうか。公開されることを否定するつもりはないが、単に無料で配布されてしまうようになってしまうと作り手が枯渇してしまう。

逆に「書き手と作り手に思いを寄せる」ことができる仕組みが組み込まれていれば、書き手もすぐれたものを生産し、読者もそれを享受できる。図書館が、読者に代わってあるいは協力して、作り手を支える。図書館は「無料」コピーの巣窟ではなく、書くことのパトロンになる。そういう仕組みを作れないだろうか。それが「公立図書館と私設電子図書館と書き手が、つながることができるか？」というテーマの下に昨年行った第2回投げ銭ワークショップであった。

パネラーは、浦安市立図書館の常世田さん、青空文庫の富田さん、そして、ルポライターの北村さんの三名であった。ここで問いたかったのは、市民のための言論の公共圏をどうやって作ることができるか、ということ。出版界は、もうすでに人々の意見や問題意識を共有するような能力を保持していない。本の世界は、ほとんど死に瀕しているといっても過言ではない。システムを癒すのはもう不可能だ、再構築しかないのだ。

問い直されているのは、言論の公共というものであり、知を公共的にどうやって作りなおすかということだ。

（二〇〇〇年一〇月）

第12回　オンラインテキストを共有するために

昨年、私は、自分で本をめぐる問題について私なりの提案を行った『ルネッサンスパブリッシャー宣言』を刊行した。その時に、浦安市立図書館の常世田さんにも、お送りし、感想を送っていただいた。「公立図書館が連合してオンラインデータベースを市民に提供できないか」と考えているという文面であった。

私は、このことばでしばらく考え続けていたことが、なんとなくおぼろげにこういう風に考えるといいのではないかというヒントをもらったような気がした。私は、本というものはこれからどんどんデジタル化され、オンラインに移っていくと思っている。ネットワークにつながっていさえすれば、必要なものを必要なときに見ることができる環境になって行くだろう。その時に、著者が書いて、出版社が編集して世に出したものはどうなるだろうかと思っていた。現時点で、プレーンなテキストを、コピーすることから、保護する方法はないのである。それがコピー可能な電子化されたデータとしてオンラインにでた場合にどうなっていくのだろうか。知識は受け継ぎながら、発展し、深まり、共有されていくものだ。今までの知のあり方も、伝わるスピードと伝達される範囲は違うものの、人から、口頭で手紙で知を受け継いできた。過去の人からも、本という媒体を使って、受け継ぐ。

テキストは公共のものだから、すべてをオンラインに公開し、読み手は無料にするという考えがあるだろう。でも、そうしたら、他に食い扶持を持っている金持ちしか、関わることができなくなるのではないだろうか。次に、作り手に対しては、読者からではなく、税金などで経済的に支援するという考えがあるだろう。でもその時どこの著者・出版社のテキストが選ばれるのだろうか。全ての著者や出版社にお金を渡すという予算はない。そうなると特定の知名度の高い作り手の本だけになってしまう。たとえば、言語学と言うことでは、岩波書店とひつじ書房では、ひつじ書房の方が貢献は高いが、ひつじ書房は知られていない。中央にテキスト判定委員会ができて、そこから、税金をおろしていくといった場合に、実際に判断ができるだろうか。

もし、ヒット数や読書数を根拠に配分するということだと、無料だと姑息な書き手や出版社はさくらを組織して、ヒット数を稼ぐだろう。無料で、責任を伴わないとヒット数は根拠にならない。

私はここで考えたのは、健康保険の仕組み、あるいは南ヨーロッパのオペラ支援策だ。読者は、全額ではなく、ある一部を自分の懐から払って、その身銭を切った額によって、さらに支援額を決めるというものだ。この場合、身銭を払って読む電子テキストということなので、読み手が自分の責任でそのテキストを評価していることになる。この評価をフィードバックすることはできないものか。さらに劇作家の平田オリザさんによるとオーストラリアでは、チケットぴあのようなものをNPOが運営しており、通常の興行会社よりも手数料が低く、演劇人にメリットのある運営をしているとのことである。これはすぐれた方法ではないだろうか。特定の団体に、特定の判定者が支援を決めるのではなく、お客さんがたくさん来た場合にその取り分を増やすということだからだ。お客さん自身が、自分で経済的な負担をしたということにおいて公平な判定者になっているということだ。

電子テキストが、オンラインに出たときに、そのようなフィードバックの方法はないか。公共図書館を経由して、あるいは公共図書館の会員番号を使って、廉価な使用料とフィードバックの仕組みをつくれないものかと常世田さんの手紙をみておもったというわけなのだ。

常世田さんの発意は、図書館側からの考えで、これからいっそう重要になるデータベースのサービスを市民に提供するにはどうしたらよいかというところからでた考えだった。私の側はは作り手側の考えであり、必ずしも同一でないが、二つの考えがまとまるとき、図書館は変わるのではないか、ということをいうのは今は、結論を急ぎすぎだろう。

そのような考えを持った常世田さん、電子図書館を運営している富田さん、それに北村さん。私が、北村さんに白羽の矢を当てたのは、教育の問題などの地道なルポ活動をされている書き手がいるという視点を失いたくなかったということと、北村さんがパソコンにそんなに詳しくないので普通の人の視点を持っていてくれるのではないかという期待だった。（続く）

（二〇〇一年一一月）

第13回　情報を作るコストに想像力を

横浜市立図書館のセルフコピー機設置が、出版界の一部で、問題になっている。別の機会にあらためてとりあげたいが、今回は、二つだけ問題点を指摘しておく。一つ目は、多くの市民や図書館の人々が、情報はタダだと思っていること、二つ目はそのことについてそうではないと図書館の人々が説明をしないことが多いという点だ。

情報を作るコストをどう認識できるか、ということが根本にあるのだ。このことを指摘しようと考えたわけは、先日、「図書館を作りなおす」というシンポジウムをお茶の水スクウェアで行った時に、アンケートの中に、大きな企業に勤めている方と、学生の方から、参加費二〇〇〇円が高いという指摘があったことによる。副題は「デジタルデバイドを解消する図書館」で、このことに焦点をあてた初めてのシンポジウムであったと思う。ジャーナリストの菅谷明子さん、浦安市立図書館館長の常世田良さん、国会で参考人としてＩＴについて図書館を使うべきだとの意見を述べ、様々なメディアのプロデュースに関わっている福富忠和さんという豪華メンバーであり、充実した内容であった。

参加者は、主催者側六名をいれて、三九名。会場を見渡して頂ければ、人数は直ぐに分かったはずだ。三九×二〇〇〇円で七、八万円である。お茶の水スクウェアの使用料が四八〇〇〇円であり、残りは三〇〇〇〇円となる。菅谷さんと常世田さんは進化する図書館のメンバーであり、交通費のみ。福富さんには謝礼をしているが、これもわずかなものでしかない。実はこの段階ですでに若干ではあるが、赤字である。さらに、何度か、打ち合わせをしたり、広報で葉書を作ったりしている。三九人こないというリスクもあったわけで、たとえば、一〇〇〇円で開催して、さらに増える赤字分は主催者が持ち出すべきだというのだろうか。

もっと安価な会場を探せばいいと言うかも知れない。あったら教えてほしい。昨年の投げ銭のシンポジウムに使ったシニアワークは、一二〇〇〇円であったが、この夏から、高齢者に関係のある催し以外には貸し出さなくなった。高齢者にだけ優しい社会があると思うのは、不思議な発想であるが。図書館は、高齢者のスキルアップなどにも有用なんですといっても、「高齢者だけが対象でなければ貸せません」ということだ。

公共施設は、ほとんどが目的が限定されている。環境のための施設は、環境がテーマでなければ、あいていても貸さない。千代田区の公共施設は、区民以外の人が一人でも来る催しには貸さない。メーリングリストや新聞で広報した場合は貸さないと言う。区の条例で決まっているそうである。一般の人も参加する場合は、公民館ではなく、公会堂を使ってくださいとのことだった。しかし、千代田区には公会堂は二つだけで、一つは規模がでかすぎるし、もう一つは、予約が埋まってしまっていた。では、図書館のホールはというと、そもそも、市民に開放されていないのである。館の主催する催し以外は使えないということなのだ。我々のような、市民が図書館を変えていこうという自主シンポジウムには使えない。図書館というテーマでは、他の公共施設が使えず、図書館はそもそも開放されていないということをどう思われるだろうか。その点、高いかも知れないが、お茶の水スクウェアは、場所も便利だし、多少の時間のオーバーも融通が利くし、使いやすかった。

様々な事情を切り抜けて、コストをかけて情報は作られるということが、実際に自分で動いたことのない人には、わからない。その裏側には、本をコピーするのも気にしない、情報が無料であるという発想と同じ根があるのではないだろうか。大企業の人や学生がそう思うというのはとてもわかりやすい。もちろん、大企業の人が全てではないだろう。だが、情報のアクセスを会社から行い、自腹を切ることがなく、自分で何か催し物をすることがなければ、述べたような事情があることに想像が行かないのだろう。

また、学生は、授業料を一括して払ってしまっていて、個々の授業にはお金を払っているという感覚がないし、（通常、授業料をコマ数で割れば、三〇〇〇円以上になる！）図書館でもコピーがばんばんできてしまうような中では、情報にお金がかかっていることを推測することができないのだろう。

横浜市立図書館の人には同情する。意識的であるはずの人々でさえそうであれば、利用者に自由にコピーさせてよと言われた時に、説明が容易ではないからだ。めんどくさいからおのおのが勝手にコピーできるセルフコピーというわけだ。

（二〇〇〇年一二月）

第14回　投げ銭シンポジウム

投げ銭シンポジウムの話に戻ろう。

当日の三人の話は、なかなかスリリングなものであった。私の描いていた理想的な進行はあったのだが、みごとに裏切られてしまった。

私は、北村さんに作り手にとっての出版と流通の機能が不完全で機能しておらず、せっかくの取材が、多くの人に読まれない、経済的に書き手の執筆を支えるほどには十分ではないことを語っていただいた上で、さらに、富田さんに電子的なテキストの流通の方法で、情報や文章が共有化され、その共有化を公共図書館が支えると常世田さんが提言をするという構図だった。これは投げ銭の実現像だ。

でも、そういうふうにはいかなかった。どこで、間違ったのだろうか。そもそも、パネラーが話す順番を間違えた。実際には逆にしてしまった。最初に常世田さんが、図書館のあまりぱっとしない現状（失礼！）について語り、出版界の現状と図書館の現状に飽きたらない富田さんが、もう見切りをつけて、電子文庫を始めてしまった話をし、さらに、北村さんが実際に食えない中で、食うための原稿をも必死に執筆しながら、もがいているということを電子テキストへの違和感とともに話した、という流れになってしまった。富田さんには、共有と公共のために、テキストを対価も含めて、新しい評価方法をつくるという方向で話して欲しかったのだが、図書館への批判を際だてすぎたせいか、一本気な北村さんは、紙の本へのまっとうな神話を語り、デジタルですれてしまった私や他の出版人から、感動を呼び起こしさえもした。今から考えるとまとまらない方向に、お膳立てをしてしまったように思う。

とはいうものの、失敗だったのか、というとそうでもない。不思議な充実感があった。私の描いた予定調和的な結論にたどり着く気配もなかったことにほっとしたくらいだ。そのような結末になるということを予想していたような気さえもする。

目指す像がすぐには実現できないということが、本当は分かっていながら、そんな像を描くと言うことはつまらない。実際には、著者と図書館、出版社と図書館、出版社と著者は、仲がいいどころか、相いれないものとして、反目しあっているといってもいいくらいだ。あるいは反目すらなく、お互いに無関心で、相手がどういうものを目指しているかを知ろうとせずに、対話もなく日々の仕事の中で無関心であるというのが現状だろう。

その意味では、富田さんの不信感というのは、真摯なものであり、現状への認識という点で正確なものであるといえるだろう。私は、むしろ甘かったのだ。投げ銭が上手く行くなどということはリアリティがなく、話す順番は関係なく、ああいう話の流れになって当然であった。

ただ、冷静沈着な理性が、ものごとの問題を明らかにするかというと必ずしもそうではなく、合理性を欠いた、ある意味での蛮勇が、問題点をあぶりだすということもある。先が見える人間であれば、試みてみようとも思わないような蛮行を行うことで、事実が見えてくる。そもそも、投げ銭という考え自体、突拍子もない願いだからだ。

値段も決まっていない、自主性に全てを委ねたお金を送る行為、自分が見て、判断した上で、その人なりの正当な評価をして、カンパ行為を行い、その行為でコンテンツ制作者を生き延びることができるようにしようなどということを普通の人が考えるはずもない。ただで読め、無料で手にいれられるものをだれがあえて、支援しようとするだろうか。今直ぐ実現するなどと考えることはリアリティがない。

そんな夢想にとらわれない富田さんは、青空文庫を、無料の原則を表面に出して、人々の善意が集結することを優先しているのは戦略的にまっとうだろう。人は、一〇〇円しかもらえないのなら、「金銭に汚れる」ことよりも、無料であることの美しさにひかれる気持ちの方が、人を動かすパワーは強い。情報は、タダで共有されるという言葉の方がよっぽど人々の共感を受けやすい。金銭に触れれば、それは欲のためにやっていることになるが、それを排除することで、欲望から離れられていると「善意」を信じることができる。こっちの方がよっぽど現実的である。青空文庫の人々の善意はうたがうことはできないし、彼らが容易な道を選んでいると非難するということもできはしないが、投げ銭のような小銭が回る世界を夢想するのも同等かそれ以上に苦難の道だと私は思う。

無料というのはそんなに美しいか？

（二〇〇一年一月）

第15回　海賊版を義賊だと思う人々

情報のコストということを、もう少し具体的に述べたい。

私は、一九九〇年にひつじ書房という言語学の専門書を刊行する出版社を作った。いくつか純粋な野望を持っていた。一九九四年にマックを導入し、ＤＴＰをはじめた。その理由は、言語学書に多く使われるロシア語をなんとかスムーズに処理したいということであった。印刷の技術は、鉛を使った活版から電算写植になり、ＤＴＰの時代になる。活版の時代は、ロシア語の文字も活字屋さんから買ってきさえすれば、本文に入れることができた。ところが、電算写植はシステムに入らない文字は入れられなくなってしまい、仕方なく、最後に張り込むということになってしまったが、問題が多い。文字に馴染みがないから、校正できない。スケジュールが押し詰まった最後の最後に、張り込むと文字が間違ったり、曲がってしまったりする。電算写植は、普通の本を作るのに向いているが、多言語には向かない。そんなことなら、自分で組んでしまえ、とのことでパソコンで本を作る方法を探していたところ、外国語なら、マックということで、二〇〇万円借金をしてプリンターといっしょに購入した。調べていくと

Pagemakerなら、中国語も韓国語も入ると言うことが分かった。その当時、マックで、モンゴル語のモンゴル文字の教科書を作って、送ったという話があり、私も、多文化共生社会というのなら、そうだ、アジアの言語の本をだすことが極東にある言語学の出版社の使命なのではないか、と思った。私は基本的に政治的なことに関わりを持たない人間であるが、言語に関わる出版人として、自分のビジネスの中で、アジアのために何ができるかということを考えていたので、これは一つの夢であった。

しかし、道のりは遠かった。ハングルが使えるようにするには、ある仕組みを組み込む必要があったが、それは米国でしか売っていない。そこで、アップル社が、日本で外国語キットを売るためのセミナーの手伝いまで、ボランティアでして、さらに中国語での本文を組む方法を知るには、そのノウハウを書いてある本をだせばいいということで、『マックで中国語』という本まで企画してしまった。だから、時間と労力をそれなりにかけたことになる。

これで、アジアの言語の本、対照言語学の本をだせる、と思っていたところが、ショッキングな事件があった。朝鮮学会にいって店をだしていたところ、院生が、「韓国で（海賊版が）でているのを知っていますか。（むこうは安いんです。こんな高い本は買いませんよ）」というのだ。海賊版がでていて気の毒だという目ではなかった。高い値段で儲けているんでしょう、というニュアンスであった。

え？

私は、彼女のことばを聞いて、何を言っているのか一瞬分からず、動揺した。で、直ぐに、これは今までの数年間のさまざまな行為は無駄だったんだなと悟った。海賊版が出回っているのである。金銭の相場が違うから、現地の人が買うのは、いいだろう。でも、日本人の院生が、それを買うというのはどういうことなんだろうか。私は、私の夢の一つが消えた。

海賊版は、本文を組んでいない。本文のかたちができて、それをただ、印刷（複製）しているだけなのである。言語化キット導入の手伝いまですることは、希なことではあるだろうが、かつて一頁に一文字、文字を作るのに、一頁の値段と同じくらいの値段がかかることがあった。一頁に数文字あれば、数頁分のコストになる。

横浜市立図書館の内部文書によるとコンビニで10円であるのを20円取るのは利用者を説得できないから、セルフコピー機にすることにしたと書いてある。これは、海賊版制作を横浜市が税金を使って運営しているのと同じだろう。本を作るのと複製の区別が付かない、というのはどんなレベルだろうか。

本というのはどうやって作られるのか、そんなことについての想像力が、まったくないということが、コピーという問題の根本にある、どうやって作るかへの想像力の欠如。これはメディアリテラシーの問題だろうか。

（二〇〇一年二月）

第16回　複写機にライセンス処理機構を

ドイツなどでは、電子機器にあらかじめ著作権を使用する値段を付加して、売買することが決まりそうだ。ナップスターやグヌーテラのように、専用線でも電話線でもネットワークにつながっているパソコンから、求めている情報を探し出して、もらってきてくれるソフトがでまわってしまったことに対抗してのことなのだろう。

日経新聞一月二二日夕刊によると、「ドイツ、フランス、ベルギーなど欧州主要国は、パソコンやパソコン用記憶媒体などの購入者から、メーカーを通して音楽や画像、書物などの著作権料を徴収する方向で検討に入った。」ということである。さらに「独の作家で構成する著作権団体はこのほど、パソコン一台当たり三〇ユーロ（約三一〇〇円）の著作権料徴収案をメーカー側に提示した。メーカーが販売台数に応じて一括して著作権団体に支払うように求めている。」「ベルギーは年内にもパソコン一台当たり五〇〇ベルギーフラン（約一三〇〇円）を徴収する方向で検討している。仏はまず年内にも記憶媒体を対象に著作権料を徴収し、その後にパソコンへの導入を検討する考え。仏では税金の形で徴収する案も出ている。オーストリア、ギリシャも検討に着手した模様だ。」

日経の記者は「パソコンに対する著作権料徴収は世界でも異例で、私的複製をしない購入者からも徴収することにメーカーから批判が出ている。」と書いているが、欧米には、紙のコピー機にも著作権使用料が、上乗せされて売買されていることがあるので、実はそのことの延長上にあるということである。そういう考え自体を知らなかったのでそう思ってしまったのだろう。また、ヨーロッパだけではなく、隣国の韓国でも、著作権処理の機関ができるということであり、先んじられてしまったということ。もちろん、日本の中にも複写権センターという組織があり、存在はしているのだが、機能はしていないというのが正確だと思う。少なくとも、私の経営しているひつじ書房とは関わりがない。

音楽業界では、レコード会社とレンタルＣＤ業者は対立している点もあるが、レンタルするために、レンタルの使用権を払っている。それだけではなく、音楽業界の中では、レンタルショップというのは存在が大きいということがあり、新人歌手のプロモーションに協力していたり、小さいレコード会社に出資も行っている。

しかし、レンタルがはじまった時に、レコード業界は、出荷停止と著作権侵害で訴えた。結果は敗訴であったが、次の著作権法の改訂の時に、レンタルの場合の補償が盛り込まれたといういきさつがある。その後、共存してきたということになる。出版界への批判になるが、書協の著作権の委員会の幹事会で出荷停止を要求した時に、大手の出版社はそんなことできないといったのだが、弱腰になってしまう出版業界とレコード業界の違いは何なのだろう。書協で横浜市を訴えるという動きもあるにしろ、動きが遅すぎる。

複写機に一定の著作権使用料の上乗せをするべきだろうか。その場合の著作権料の分配というのはどうなるのだろうか。これも難問であるが、何もしないよりは、マシであろう。

やはり、できることならば、ＩＴの技術を使って、個別のライセンス処理ができるようにすべきだろう。私が提案したいのは、本の柱の部分に二次元バーコードを刷り込んで、コピー機にその情報を読みとらせ、細かいライセンス処理をすることである。たとえば、俳句や詩などの場合、もともと一ページで複製できてしまうこともある。このようなものは、現在の著作権では処理できない。コピーを一部に制限するのではなく、きちんと補償するようにすべきだろう。バーコードには、細かいライセンス処理の設定を行って、それによって、五年以降は10円とか、無料とか、それまでは、それなりの金額とか、そういう処理を可能にすることではないだろうか。コンビニに納入されているコピー機にもネットワーク機能は付いているから、処理自体はできない話ではない。また。e-bankが八月から、メールでお金を送れるようにするということであり、e-mialアドレスの情報があれば、その人に著作権料を送ることもできるようになる。

一番の問題は、面倒くさいから、判断停止ではなく、誠意ある問題提起と持続する議論ではないだろうか。これが、もっとも知的な営みだと私は思う。

（二〇〇一年四月）

第17回　あえて、ビジネス支援図書館というものを提案したい

あえて、ビジネス支援図書館というものを提案したい

モノを作るという商売は、今時珍しいものなのだろうか？本の場合、小さい出版社だと全工程を見ることになる。どういう内容のものを作ろうかと企画を立て、書いてくれる人を捜し、あるいは、こういう内容で書きたいんだけど、と提案を受けて、その内容なら、このくらいの読者がいて、採算が取れるかを思案して、原稿をもらえば、それを本の形にするために、印刷所と著者のやりとりを仲立ちして、最後に紙を頼んだり、製本を頼んだりし、できあがった本を書店に並べてもらう。読者が買う。

企画から、作る過程から、売る過程まで。原稿を書くということを除いたもの作りのほぼ全工程を見通すことができる。もっとも、自分で調べて書く場合もあり、その場合は本当に全工程に関わることになる。もちろん、それは小さな出版社をやっているからであって、中堅以上の出版社なら、本の返品を見たことがないとか出荷をしたことがないという人がほとんどだろう。編集の人は編集だけをやり、営業の人は営業だけをやる。

全工程を見ることができるということは、他の製造業でもうほとんど失われてしまったことなのかもしれない。どうなんだろうか。豆腐屋さんや手作りパン屋さんなんかは、ほとんど今でも見通せる位置にいるのかも知れない。大きな出版社の編集は、大工場のヒトコマであろうし、小さな出版社の編集は、パン作りでいうなら、お客の顔を思い浮かべながら小麦粉をこねる行為のように全体を見渡した上でのヒトコマであり、同じ編集でも実質は大きくことなっているのかもしれない。

ものを作って売ること、を経験するということは珍しいことなのだろうか?お客さんの反応を見ることができ、売れ行き、売れ具合を実感できるということは珍しいことなのかもしれない。

大きな組織の中で、システムの中で生きている人がどう感じるのか、あまりにも小さな組織にいると理解できなくなる。比較的大きな組織の中にいる人は、小さな組織の中で、組織を支えているものがどういうふうに感じているかが、わからなくなるだろう。システムというものは、個人芸ではなくて、取り替え可能なパーツの組み合わせでなければならないという。システムが、お金を稼いできてくれるから、個人の活動は見えなくなってしまう。大きな組織に所属する人間は、いちいちシステムについて考えなくても会社や組織の方で、考えてくれるから、任せておけばいい。分業が、仕事の生産性を高めてくれたかわりに、仕事の全体像は見えなくなってしまった。

主体的に判断できることは、稼いできたお金を消費者として、どう使うかということ。働き手が稼いできた給料を子どもや主婦の立場の人々は、どう使うかということを考えればいい。消費者としての立場が、前面に出てくる。マスメディアも消費を盛んにあおり立てる。

どうしてこのようなことをいうのかというと、人間の活動には、ものを食べたり、使ったり、消費して生きていることと、何かを作っていることは同等にあるということが分かりにくくなっているのではないのか、ということを思うからだ。

図書館の世界でも、市民の図書館と言うとき、本を消費することには関心が行くのに、市民は何かを成し遂げたり、生産活動をしたり、本を作ったりするということが抜け落ちている（ように見える）のはどうしてだろうか。消費とものつくりは両輪であるはずなのに、消費の読書が普通の読書であると図書館の人々は思ってきたということは不思議なことだ。

消費の基地であるなら、本は、消費の最終地点であり、その後に経済的な活動を産むことはない（そのような読書もあってもよい）。何かを作るための出発点であるなら、読書の後にもの作りがある。前者が、税金を使う行為であるなら、後者は税金を生み出す基礎になる。この発想の違いは大きい。税金を生み出さない消費のためなら、税収が減れば、資料費を減らさざるを得ないし、税金を生む営みなら、費用を増やさなければならないだろう。

後者の発想が、弱いのではないか、という思いから、あえて、ビジネス支援図書館というものを提案したいと思う。ここでいうビジネスというのは、人々の経済活動のことである。「税金を使う図書館から税金を作る図書館へ」という標語を作りたい。

このテーマで何回か、書いてみたいと思っているが、先走って、七月のシンポジウムの案内をしてしまおう。七月二日に、菅谷明子さん、浦安市立図書館の常世田さん、秋田県立図書館の山崎さん、企業図書館でインフォプロをしている豊田さんで、シンポジウムを行う。詳細は次の機会に…。

（二〇〇一年四月）

第18回　ビジネス支援図書館

　ビジネス支援図書館ということばを聞くとどう思われるだろうか。ビジネスということばと図書館は全くの無縁のものだと思われるだろうか。この組み合わせはそんなに意外なものではないといいたいという気持ちもあるが、「どうだ、この組み合わせの妙は」ともいいたくなってしまうから、提唱している当の私の気持ちも複雑なものではある。

　この欄でも図書館で起業した人を知っていますかということを書いたことがある。その時は、そういうことを聞いてもほとんどの人がぴんと来ないと書いたと思う。実際にあちこちで、いろいろな機会にいろいろな人に尋ねたが、どうもねえ、そういう例は知らないなあという答えであった。図書館関係者に聞いても、ビジネス関係の人に聞いても同様であった。図書館につとめている人、図書館について考えている人の多くは、ビジネスを作ろうとか、商売をしようという人からは遠く、一方、自分で会社を作ろうとしている人、ビジネスをしている人からすると図書館は、文学書のようなものばかり置いてあり、ベストセラーはあって、暇つぶしにはいいかもしれないが、行きたいときには閉まっているし、何かを行うには縁が遠いところだと思っている。ビジネスマンと図書館人は水と油であるということがいえるのだろうか。

しかしながら、菅谷明子さんの記事によると、ビジネス的な情報、知識をニューヨークの公共図書館などは提供しているのだという。図書館は、本を消費するだけではなくて、何かやりたいと思ったときに、それに応えてくれるもっとも頼りになる機関でもあるらしい。その話を聞くと、文芸系と事業系の相いれない関係だと思った感覚とは違う、図書館にあるさまざまな資料が、何かを支えてくれるモノだと感じ始めるから不思議なものである。

これはアメリカが、シリコンバレーをはじめ、もともと起業家意識が高いからということだけではない、何か自然な感覚があるような気がする。人は、何かを思いついたときに、自分でそれをメシのたねにしてしまうことがあっても、そんなにおかしくないのではないか。もしかしたら、おかしいと感じるのは、ビジネスをする人は特別なお金儲けの亡者で、普通の人は、会社に勤めるのが当たり前だと思うような社会にいるからなのではないか。いったい、ほとんどのひとが勤め人になってしまう時代というのはむかしからだったのだろうか?私自身、自分で出版社を作ってしまうことになるとは、独立する直前までついぞ思ったことはなかった。

考えてみると私の父方の祖父は、浅草の飾り職人であったそうだ。祖父母の時代までさかのぼれば、決してサラリーマンが普通ということはない。多くの人が、規模の大小はあるにしろ、自分で生業を作り出していた。事業は生活そのものでもあった。

と考えると仕事を作り出すこと、自分で事業を行うことは、市民生活の中でそんなに特別なことではない。そして、今の時代、何かをしようと思う時に情報はとても重要だ。情報の集まっているところ、そしてそれを提供してくれるところ、それが図書館なのではないか。と考えるとやはり一九七〇年代からの図書館の進展が、サラリーマンとその妻と子どもたちに比重を置きすぎていたのではないか、という気持ちがここでも強くなる。

図書館の歴史への批判ではなく、日本の社会自体が、公共的な空間から、仕事や生業や金銭に関わることを排除し続けてきたということである。これは図書館だけではなくて、学校も公共の講堂なども同様であった。集客に適さないところに劇場を作って、結果として赤字になっているという笑えない事態はいたるところにある。小学校の生活科の教科書を見てみても、不思議なことに「生活」の中には、生業がない。つまり、教科書の中に働いている、商売している家族の姿がない。

子どもに生きる力がなくなっているから、生活の力を付けようという意図で作られた教科書にその像がないのだから、「生業を遠ざける」病いは深く進行しているとしかいいようがない。でも、そんな学校や図書館に生業との接点が生まれることができれば、もしかしたら、そのことはかえって希望といえるのではないか。

七月二日　東京電機大学神田校舎の丹羽ホールで、「ビジネス支援図書館への挑戦」と題したシンポジウムを開く。菅谷さん、常世田さん、山崎さん、私もでる。参加費は無料である。一三時から。

（二〇〇一年五月）

第19回「出版社の作り方」はメディアリテラシー

今年は、東京大学の社会情報研究所で出版論を半期教えている。出版とは何か、ということをやるのが通例だが、概論では面白くないし、知識として知っても意味がないと思うので、本作りの実習でもやろうかと思ったが、それもありきたりなので、視点をかえて「出版社の作り方」をいっしょに考える授業をやることにした。

それぞれが自分の作りたい出版社を考えて、経営してもらう。きちんと本を出して食っていけるのか、それが問題だ（もっとも一〇年選手の私でも危ないところではあるのだが）。

二回目の授業では、まず、四六判のある上製本を、学生の前でバリバリと壊して、ここが見返し、ここが背丁、ここがボールといった具合に、部品を見せて、それぞれに作っている業者があり、コストがあることを説明した（ちなみに前の会社時代に製造担当者を長くやっていたので、私は本を壊すのは得意である。本壊し競争という競技があれば、私はかなり上位に入賞できるのではないかと思っている)。

次に、私のところで作った『文学者はつくられる』を見せて、何部作っていて、どのくらいのコストでできているのかを考えてもらった。まずは、一人一人で考え、その次に三人ごとのグループにし、お互いの意見を交換してから、話してもらった。『文学者はつくられる』は、三三六ページの本だが、総コストが、二〇万円だろうというチームから、八〇〇万円というチームもいて、驚くべき幅の広さであったが、部数はなかなか鋭い読みだった。

次に、実際に作っている印刷所、用紙会社、製本所からひつじ書房へ送られてきた請求書のコピーを配って、その金額を合計してもらった。二〇〇〇部で、一二五万円であった。

多くの場合、予想よりも少ない金額でできることに驚いたようだが、こっちが驚いたのは、取次・書店の取り分を全然思い浮かべないということだ。総定価が、七三〇万円なら、それは出版社がすべてを取っていると思ってしまう。こっちで指摘して、はじめてそうだったよね、と気が付く。途中で関わっている人、流通というのは、思い浮かべにくいものなのだ。同時に、一ページの組版代が、一一〇〇円なのだが、五〇〇円とかの予想であって、ページを作るコストについても、想像できないものなんだ、ということを認識させられた。

そもそも、そういう授業にしたのも、多くの人にコスト感覚がないということ、コスト感覚がなくては、どんなに精緻な議論も空論になるという思いから、「出版社の作り方」という授業を行おうと思ったのだ。本に限らず、モノができる工程やコストについて考えるという経験がないのではないだろうか。

ひつじ書房の取次店への納入価格（六七パーセント）を提示して、その率で、編集者として勤めたとして、どのくらいの部数を出していけば世間並み、あるいは自分の希望する給料がもらえるのか、もらえないのかを計算して出してもらい、さらに次の回ではそれぞれの学生に、書き手をどこかから見つけてきて、本を書いてもらって、事業を成り立たせる経営計画を作ってもらおうという予定である。

情報に関わる人は、出版社の作り方を知った方がいいのかも知れない。本を出していくということが、いったいどういった経済的な営みなのかということを知ることができる。たとえば、図書館で、情報が出来る際のコストについてのワークショップをやったらどうか。情報の発信をはじめる以上は、そこにコストがかかるわけだから、情報が循環していくための経費を知る機会があってもいいのではないか。作る人、読む人、両者をつなぐ人というものが、きちんと存在するためにはどうしたらいいのか、コストを知った上で、考えてみてほしい。

作り手側の事情ということであれば、コストだけではなく、どうやって売ろうとしているのか、どうやって伝えようとしているのか、作り手のもくろみとともに、願いも見えてくる。売れればいいとだけ思って出す場合もあるだろうし、売れそうもないのに意地でも出すという場合もあるだろう。そんな作り手の意図を見すかしながら、本を読むという経験があってもいい。コスト感覚や作り手の意図を読むことも、一種のメディアリテラシーであって、市民や民主主義にとって必要なものなのでは？

（二〇〇一年六月）

第20回　企画をかっちゃおう

大学での出版論の授業の話の続き。

学生に自分の企画でそれぞれの出版社を作る企画を出してもらった。人の興味や趣味というのは、いろいろなんだということを実感する。パチスロの世界が面白いと思う人がいると思えば、広告の雑誌に載っているユニークな評論を見つけてくる人、ネットでロサンゼルス情報を見つけてくる人、音楽雑誌の濃い記事を企画にまとめる人、かと思うと出版業界の老人たちが、涙を流して喜びそうな、古典的な文学的な企画。いまどき、フランス文学でもあるまいしと思いもするが、本人は、他人のことなど関係なく、自分が好きであるということで、自信を持ってプレゼンテーションしているわけだ。いまどき、ボーボワールを読む女子の大学生なんて信じがたいと思ったら、最近、『第二の性』が復刊されているそうである。静かなブームになっているらしい。そんなこと知らなかった。もしかしたら、そういう読者も少なからずいて、出版業界がきちんと見つけることができていないだけなのかもしれない。と同時に、これだけ、それぞれが違ったジャンルでそれぞれ深い趣味を持っている時代に、書店というキャパシティは、よほどの力のある目利きではないと単なる混沌か金太郎飴のどちらかになってしまう以外にないだろうというのも実感できた。

企画を出してもらって、そこに学生が手持ちの決めておいた資金一〇〇〇万円を他の学生に投資していく、資本金がいくらいくら集まるということになる。意外なことにフランス文学の企画が一等で一七五〇万円となった。若者の判断もよくわからないものだ。そうして順位を決めて、さらに、実際に書店で仕入れをしている人にも来てもらって、それで、その企画はいいんじゃないかとか、だめだとか、その企画でその値段であれば、××冊仕入れようとか、そんなバーチャルな買い付けをしてもらいつつ、講評もしてもらう。書店の人ばかりではなく、最近、出版社を作った人、取次の仕入れの方もお呼びした。

実際に出版の世界でそんなことはまだ行われていないことではあるが、読者のニーズをもっとも身近に感じているはずの書店さんたちの声によって、本を作っていくような場所と方法を作ることで、出版社が安全策に閉じこもっている中、斬新な企画が生まれるきっかけにならないだろうか。

これは書店の話なのだが、別に企画の段階から意見を言ったりするのは図書館であっても何も困らない。私は、地元の市民の必要としている情報を察知している組織として、公共機関としての図書館というのは比重が小さくないのではないかと予想している。地元のことを調べるのに、引っ越してきた人は、図書館にいくかもしれないし、町の情報に着いて図書館に聞くことも少なくないだろう。そんなものを図書館が、編集し、企画を出版社に持ち込んでもいいのではないだろうか。さらに、それを書店で販売し、印税を稼ぐ。それは、別に市役所でも不動産屋さんでも、どこでも売っていい。さらに図書館ででも！　図書館が、まちまちの情報源を整理していく。情報の作り手になってしまう。

実は、これは私が考えているこれから進めようとしている計画なのである。でも、図書館の人はまだ、アレルギーがあるだろうから、先に地元の書店とくんで何かやろう。と思ったら、すでに公立図書館も動き出していることを思い出した。秋田県では、教育委員会が音頭をとって、地元の大学の先生と協力して、『秋田のことば』を編纂して、それを公開入札の結果、地元の無明舎出版が最終的な仕上げをした。無明舎は、二八〇〇円というおそるべき低価格で刊行し、結果、一万部近い販売を実現し、県は印税までもらったという。今度はそのＣＤ－ＲＯＭ版を作るのだが、それには図書館の職員が図書館事業で培ったノウハウで参画しているそうだ。

本当は書籍版『秋田のことば』も出版社が編集から参加できれば、さらにもっと使いやすくて面白い辞書になったであろうが、いずれにしても、参加型の本というのはこれから、どんどん作られていくだろう。

（二〇〇一年七月）

第21回　ビジネス支援図書館と湯婆婆

ビジネス支援図書館のシンポジウムを七月二日に開催した。三〇〇人入る会場に満員に近い参加者があり、大盛況であった。以前、このページに図書館を使ってビジネスを起こした人はいないだろうかと書いたときには、反応がなく、そんな動きは日本の図書館にはないのだろうかと残念に思ったこともあったが、関心の高まりがあることを知ったことは、驚きであり、大きな収穫だった。

申し込みファックスにも、参加された図書館の方々のアンケートの答えにも、すでにビジネス図書館を実際に運営するこころみを開始しようとしているところが複数あることを知って、本当に驚いた。つまり、すでに動きはじめていたのだ。今動いているということは、数年前からすでに準備が行われていたということであろう。いくつかの行政、いくつかの図書館でもうすでに動き始めていること。シンポジウムを行うまでもなく、ビジネス支援の動きが起きていたというわけだが、シンポジウムが無意味であったのではなくて、時代が変わりつつあることを人に分かるように示し、そのことによって実現化を加速するという意味を持ったのではないだろうか。同じ様なことを思っている人たちをも連携させるようなことができるといいのではないかと思っている。

図書館関係者の出席が多かったが、図書館の人々の中にも今までの図書館とは違った図書館を作りたいという気持ちがあるのだということをひしひしと感じた。

ひとつ考えておかなければならないのは、図書館が変わるために「ビジネス支援」を使うということではなくて、もっとせっぱ詰まった現状が地域にはあることに注目すべきだということだ。図書館のために、図書館が変わる・変えるということではなくて、日本の社会が変わり目にあり、あるいはきちんと変えるために図書館が役割を果たすということなのではないだろうか。

日本の経済状態は、恐るべきひどい状況にある。それは、今が、不況であるとか、失業率が高いとか、そういうことだけではなく、会社が生まれてこないというさらに根深い問題がある。起業率と廃業率が逆転してしまっている状況が、十年近く続いているのだ。どの国もたいがいは会社を作る率の方が大きく、作った中で、ある部分は廃業してしまい、一部が残っていくということにあるわけだが、日本は、そもそも会社を作る率の方が廃業率を下回ってしまっている。出来て十年以内の会社が、雇用人口の中の二五パーセントをしめているということもあり、会社が起きるということは、社会の活力という点でも、重要なことであるのにも関わらず、廃業率の方が多い。

経済関係の省庁も、危機感をもって対応してきたが、さらなる対応を模索している。商工会議所やいままでの組織では、会社を起こそうという人を励ましたり、潜在的な能力のある人に伝えられない。違った層の人々に、伝えることのできる場所ということで図書館が重要なセンターとして浮かび上がってきたのだ。

一九六〇年代から、公共図書館に児童サービスが求められたのと同じかさらにより高い切迫度で求められているのが、地域の経済活動への支援なのだ。児童サービスは、サラリーマン家庭が郊外にでき、生活に余裕のできた家族が、子どもの教育環境をより教養的なものにしたいという気持ちから、必要とされてきたということだろう。どうなんだろうか。

しかし、今や、必要とされているのは、情操教育のようなものではなくて、生きるということであり、そのためには、身の回りの大人自体が、懸命に生きていること自体を見せていかなければならない。会社というシステムが安泰の時代であれば、児童文学は子どもの「情操」のためでよかった。職業からできるだけ離れて、「教養」と娯楽の中に生きていればよかった。一九六〇年代前半までは、子どもは否応なく農家であれ、商売人の子どもであれ、親の仕事を過酷に手伝わざるを得なかった。そのアンチテーゼとしては、一九六〇年代の後半としては正しかった。

でもそうではなくなった。たとえば、宮崎駿氏の「千と千尋の神隠し」は、どうもそういう時代の新しい十歳向けの文学の可能性と必要性を示しているように思える。

（二〇〇一年八月）

第22回　ビジネス支援学校図書館

公共図書館が、ビジネス支援の機能をもってほしいと思っているが、公共図書館は、児童サービスはあるにしろ、社会人になってからお世話になるところのような印象がある。社会人になる以前に「ビジネス」の手助けをしてくれるような場所があってもいいのではないだろうか。社会人になる前、勤める前に、どんな職業があるのか、どんな仕事があるのか、そんなことがわかるような広い意味でのビジネス支援の機能を中学・高校の学校図書館が、もっているといいのにと思う。

ある言語研究者と話をしているときに、ふとしたことから、ビジネス支援図書館の話になり、高校でも、ビジネス支援あるいは職業を選ぶときに支援してくれる図書館ができたら面白いのに、とつぶやいたところ、思いがけず、興味深い話を話してくれた。

もう十年も前の話だと言うことだが、この方の娘さんは、小さいときから、医者になりたいとずっと願ってきた。高校生になって、進路指導にいくと、そこでは単に偏差値による割り振りだけで、どうして医者になりたいのか、どうすれば希望に近づくのかということ抜きで、医師志望の断念だけを迫られた。彼女は今は、産婦人科の医師になっているのだが、その「進路指導」に納得ができなかった。単に偏差値で切り割りするようなものではなく、生徒が主体になって進路を考えるような方法がないものかと考えた。親もＰＴＡに関わっていたこともあって、娘の気持ちをバックアップをするのだが、動き出してみると学校側は全然きちんとやっていなかったにも関わらず生徒たちが、先にもう走り出していたのだ。

そして一部の生徒が、卒業した先輩たちを図書館に呼んで、どうやって仕事を見つけ、どんな仕事についたのかということを話をしてもらうことをやっていたということが分かったのだ。詳しくは取材をする予定なので、その報告は改めてしたいと思うが、その生徒の働きかけで、せっかくの先輩たちの話を小冊子にまとめる活動を始めるのである。

注目したいのは、組織的な動きが起こる前に、自分たちで必要な情報は集めてしまおうという動きがあったということ、高校生にとって重要な人生の選択の一つである職業選択のための情報が、組織的にはほとんどないということなのだ。どんな職業があり、どんな職種があり、どんな仕事があって、社長になってもいいし、経営者ではなく参謀役でもいいし、専門性のたかい医者のような職業でもいいし、庭師でも、漁師でも、美容師でもいい。それは実際にどんな仕事で、どんな苦しみと楽しさがあるかなどということは、恋愛などと同時に生きていく際に必要なことであるにもかかわらず、情報が蓄積されていない。

実際に見た小冊子には、会社を作っている人が何人もいるが、そういう選択肢があるということを、学校は普通は教えないのではないだろうか。高校は、大学までの通過地点に過ぎず、実際に世間にでていくシーンを想像させない。でも、実際には、理系文系ということを含め、高校時代の選択がもっとも大きな選択であり、その選択肢の後で、具体的な進学先や仕事を選んでいくことになるのである。高校で、職業を決める人にとっては、さらに重要な位置をしめるだろう。

現実の進路指導は、偏差値で入学可能な大学を分けていくようなことしか、多くの高校ではしていないわけである。大学に行く場合であれば、やりたいことを実現するには、どの大学のどの学部を選ぶのがいいのかということを先にやっておく必要がある。どういう仕事があり、それはどうやったらなれるのか。

不思議なのは、そのような機能が、忘れ去られているか、あるいは思い当たられもしないということだ。職業選択や、仕事を選ぶこと、自分で何かを作るすべを知ること、より良く知ること。そういう具体的な知識というものが、図書館の中で位置づけられていない。具体的で実践的で、金銭にさえ関わるような知識というものは、教養ではない、まるで関係がないと思われている。しかし、そのようなものこそが教養なのではないのか。

「職業を選ぶ」といった実践的なことが、知識ではないと思われてしまうというのは不思議だ。ヤングアダルトと呼ばれている分野について図書館ではかなり活発に活動も行われているようだが、ビジネスや仕事にかかわる情報が含まれていないように感じるがどうなのだろう。単に今までの児童書の延長にしかすぎないのであれば、片寄りがあるように感じる。

「仕事」を除外するべきではないと思うが、どうだろうか。

（二〇〇一年九月）

第23回　つぼ八と図書館

つぼ八という居酒屋を知っているだろうか。つぼ八は、石井誠二さんという人が、一九七〇年代の後半に、北海道ではじめた新しいタイプの居酒屋であった。それまでの、サラリーマンが上司の愚痴を言いながら、仕事の疲れを癒すところという概念を壊し、若い女性が気楽にこられるように、スカートでも正座をしなくても座ることのできる、「小上がり」という掘り炬燵風で下はカーペットという席を作り、一方、徹底した仕入れで、懐を気にしないでも飲み食いできる安さというコンセプトが大成功をおさめ、一軒の店から始まって、どんどんと増えていき、ついには商社と組んで、チェーン店展開まで行うようになった。たぶん、新しい店のコンセプトを彼が発見し、それを実行した結果、大きくのびていったのだろう。彼は、オイルショックによって停滞した会社の接待ではなく、自腹で飲むというスタイルにマッチした居酒屋を作り、成功した。自腹を切ってくれる「大衆」こそが、彼を支持したのだと著書で述べている。

彼はその後、商社に経営権を奪われるかたちで、つぼ八を離れる。そしてまた、新しいコンセプトで居酒屋をつくりはじめる。その店は、通勤の途中や会社のそばの盛り場で飲むようなタイプの「通勤客」「大衆」を相手にしたものではない。準急が止まらない小さな駅のそばという、つぼ八の大衆路線とは大きく異なった立地を選んでいる。彼は、二一世紀は、単なる外食の時代ではなく、内食に限りなく近い外食の時代になるという。それは、ホームパーティであり、うちにいるかのように、親しい知り合いといっしょにくつろげる場所を目指すという。

店の作り方は徹底している。店を作る前には、店長候補は、その町に実際に住まなければならず、さらに町の町内会とか消防団とか、地元の組織に入って、地元に根付いた視線を持った上で、場所を決め、そして、その商店街の道路の清掃からはじめて、その地域に店長個人が根付いた上で、店を作るのだという。これは、どこのまちでもどこでも同じということではなくて、この町にはこのような店、この町にはこんな店というように町の個性にあった店を作ることを目指すということである。

大衆という路線ではなく、コミュニティに根ざした店というそれまでとはかなり違ったコンセプトに基づいて、居酒屋を作り出そうとしているということである。食事をしたら、できるだけ早く帰ってもらうというかつての方針から、できるだけずっといてもらい、帰るときには、店の外まで送り出して、感謝の気持ちを表すやり方に変えた。こころがこもっているわけではない、単なる商売ではないかという批判があるとしたら、それは間違っている。そこまで、時代の変化を身体で感じている人がいるだろうか。利益を上げるためだけならば、今でもつぼ八タイプの大量の人向けの商売の方がまだまだ、多くの人に受け入れられるだろう。つぼ八を考えた人が、コミュニティレストランといったNPO的なコンセプトを思い浮かべるようなタイプの店を作ってしまうことをまずは驚きたい。

私が言いたいのは、客商売というのはこういうパワーを持っているということなのだ。図書館が客商売ならば、二一世紀にあった図書館を、そろそろ提案しなければならないのではないだろうか。商売は、ささいな失敗で、大きな損失を生むことがある。人々の求めるものに敏感でなければならない。そうでなければ、自分でお金を払ってくれないシビアな世界である。二一世紀の図書館へのヒントもここにもあるようだと私には思えてならない。

図書館関係者の中でバイブルになっている本の一つに「中小レポート」と呼ばれる『中小都市における公共図書館の運営』という報告書がある。これには、図書館はまず、その地域の住民構成を調べ、その町にあった図書館を作ろうと書いてある。そのことを本気でやった図書館があるのだろうか。中小レポートの示唆は、商売感覚を持てということと同じことだと私は思う。図書館が無料であることは、いいことであるかもしれないが、顧客への感度という点で、センスを鈍らせるのならば、罪は重い。だいたい、人は、安易についてしまうので、お客さんのコスト感覚にさらされながら、自分を整え直さないと自己批判や自己改革はできにくいものである。一六〇〇円のベストセラーの本を図書館に頼むというのは、税金で運営されていて、自分が負担している気持ちが希薄だからだとさえもいえるのではないだろうか。

また、唐揚げや、ホッケを食べられて、酔えるということが、居酒屋の特徴であった時代から、新しく作ったコンセプトは、そこでの空間のホスピタリティであり、会話による刺激と楽しみであるとしたら、これはまた、本であれば何でもエラカった時代と、その中身が問われるようになった現在との対比ともちょうど、並行しているように思えてならない。新しいタイプの居酒屋は「八百八町」という。注目していきたい。

（二〇〇一年一〇月）

第24回　棚がお客を選ぶ

この『図書館の学校』がはじまったころ、安藤哲也さんが連載をしていたが、オンライン書店bk1に移ってしまい、連載が中断されてしまった。センスのある挑発で、とても興味深く読んでいたのにもかかわらず、思いがけず、短期で終わってしまい残念であった。

安藤さんの書店、往来堂は、不思議な店であった。本を並べるスペースとしては狭い面積でありながら、普通の駅前の本屋さんなどでは、見つけることのできない本が並べられていた。安藤さんの棚の編集によって、意外な妙味で並べられていて、棚を見るだけで新鮮で、思わず何冊も本を買ってしまいたくなるようなそんな不思議な棚であった。たとえば、ドメスティックバイオレンスについての本の隣に、女性の仕事探しの本を置いたり、単純に社会問題を取り上げるだけではなく、その立場にいる人がどんな本が実際に必要かを考えて、棚を配合していたという。

たまたま近くに住んでいた人と話をして、安藤さんの本屋さんでみつけた本を近くの図書館で注文することがたびたびあると聞いた。自分で買ったらとわたしなどは思うが、安藤さんは、図書館でリクエストをしてもらうことで、安藤さんの棚が伝播することを、商売の差し障りになるというよりも、波及していることを喜んでいる風があった。

書店が金太郎飴と呼ばれるようになって久しい。どの書店でも同じようなベストセラーが並び、読みたい本がないという。書店に行って、何か知的な刺激を受けることが少ないと感じるし、どうせ探してもないのだから、時間と足を運ぶのも無駄だと、オンライン書店で、指名買いで、探している本を買うということもいまや普通のことになってしまった。

そんな面白い書店が少なくなったということには、いくつかの原因があるだろう。大きな取次店が、一般的な販売の動向によって、専門の店員がいなくても、仕事ができるようにしてしまったということがあり、さらに、二〇年前であれば、本になる種類も限られていたから、店頭に並ぶ本が一定水準であったということもいえるだろうし、本の値段が現在よりも相対的に高く、より多くの人が読む時代であれば、プロの書店員に給料を払えたのだろうが、今はそれが難しいこととか、本が言論機能を持っていたから、読むべき人が読んでいたということもあるだろう。ここ二〇年間の本の動向は、いろいろな意味でマイナス志向になってしまったということもあるだろう。

書店の店頭が知的な興奮を呼び起こす場所になりにくくなっている時代に、わずかな書店が、それも個人経営レベルの規模の小さい書店の中の棚が、刺激的であるということは奇跡に近い。これは、どういうことだろう。情報は、編集されていなければ、情報として機能しないのではないのかと編集者である私は思う。

浦安市立図書館の調査で、中央館と分館で、利用者の希望が違っているということがでている。中央館では、仕事のため、調べるためが上位になっているにもかかわらず、小さい館では、娯楽のためというのが上位に来ているのだ。

これはどういうことだろうか。規模が小さければ、普通は一般的な本を並べることになり、ちょっと突っこんだ興味に答えられないことになる。そのような棚は、来館する利用者の意識をも、方向付けをしてしまうということではないか。これは、普通の小さな書店のことを考えれば、当然のことだろう。棚に対して意図的な編集がなければ、単なる貧弱な棚揃えになり、その貧弱さに合わせた要望しか、呼び起こさない。多くの図書館の人は、単に利用者の要望に応えているだけであるというかもしれない。しかしそれは、一般的で、多様性の少ない棚揃えという表現を利用者にしているということなのだと考えた方がいいのではないか。子どもむけの児童書と小説類とその他少々。本がありさえすれば、よいという時代は過ぎ去った。

利用者の要望を絶対的なものと捉えて、図書館の側では提案をしない方がよいという考えもあるが、それはそういうリクエストを引き出すレイアウトをしているのだと思った方がいいのではないか。

図書館が、安藤さんのように、小さいスペースであっても、その土地土地にあった棚の編集を行うことで、その編集にそった読書欲というものはおきてくる。その土地にあった蔵書構成と棚のレイアウトをすることで、生き生きとした知的な興奮を呼び込む空間になるのではないだろうか。小さな図書館では、単純な十進分類ではなく、編集された棚を作ること。情報を陳列するというよりも、情報の編集をし、発信に近いところを工夫する、そんなことを考えてもいいのではないか。

（二〇〇一年一一月）

第25回　サービスができて、専門家

図書館が、きちんとしたサービスができない理由に専門の司書がいないからだと言われることがある。そうだろうなと思う反面、本当に実際に全員が専門の司書になれば、きちんとしたサービスができるのか、あるいは専門家と名乗っていても、利用者が満足できないサービスしか提供できない人、時代によって求められるものが変わってきた時に、対応できない人は、どうするのか。本当に専門家であるというのなら、利用者の要望を掴まえる能力が前提になるべきだ。専門家としては、定年まで勤められるということを前提にすることはおかしいのではないか。十分な技能がなければ、職をはなれなければならないと思うが、そのような覚悟はできているのだろうか。たとえば、五年ごとに評価が行われて、高い評価を得る人がいる一方で、低い評価しか与えられない人は、職場をでていかなければならないというようなことに耐えられるだろうか。

私は、編集者であり、発行人でもある。このような内容が世間に必要だろうと予測して、本を作る。本が、売れなければ、内容と予測が誤っていたということになる。本が買われるということは、その本を作った能力が、全体として評価されると言うことだ。売れなければ、その企画を出し続けることはできなくなり、会社は倒産する。結果として、専門性がなかったということが、分かる。この専門性には、広い意味でのマーケティング能力が含まれており、いかに内容が高度であっても、必要とする読者がいなければ、全然意味がない。逃げ場はない。もちろん、市場性だけが、専門性の判断の基準だとは思っていないし、市場的に、十分に成立しなくても、市民にとって十分に必要なサービスというものはあることは分かっているが、ここでは余裕がないので、議論しない。ぜひ『芸術立国論』（平田オリザ集英社新書）をお読み下さい。

私は、大学の研究者たちの研究書を出すことを、主な仕事としているが、問題を感じることが多い。大学から給料をもらっている研究者でありながら、研究をしていない人、本を読まない人がいかに多いことか。（ここでの、研究者は文系の研究のことを指す。）本自体を読みもしない。研究もしない。ある外国語教育系の大学で、あるキリシタンの言語の研究者が、研究室で、本を読んでいたら、英語教育の人に「大学の時によほど勉強しなかったんですね」と言われたそうである。大学に勤めてしまえば、その後、研究を続ける必要がないと思っている人がいるらしい。

また、研究をしている研究者も、その研究が、世の中の役に立つとか、公共性があるのかないのかなどということは眼中になく、その人個人で、社会に役に立つこと、たとえば、ボランティアをやったりしていたとしても、その人の研究自体が、学費や税金によるサポートを得ていながら、社会に何かをフィードバックしていこうという気持ちは、なかったりする。言語研究でも、研究の方法が抽象化を高めすぎて、ことばの使い方や表現の問題にほとんど関与できない研究のための研究が多くなってしまった。その研究が、市民に役に立つわけではない。評価は、業界の内部によって起こるから、その研究が何のためかということを考えることをしないし、その枠組みに入らない学生たちの知りたいことに応えない。大学の研究者と呼ばれる専門家と呼ばれている人の現状はそんなところである。現在、大学につとめる研究者たちの失業と若手の就職難の時代が、まもなくやってくるに違いない。

専門家として全うできない場合、退場するという評価の仕組みを入れる必要がある。ここで、参考になるのはNPOの評価の仕方だろう。先進的な事例だが、財団法人自然保護協会は昨年から、評価を受けることを実行しているし、笹川平和財団の今年の研究報告は『評価のすすめ』で、評価をどうするかということが重要な問題になってきている。営利であれば、市場による審判があるが、NPOの目的は使命の実現であり、使命は、利益をだすことではないのだから、別の方法が必要である。これは難しいが、寄付を受ける際に、当然、成果が上がる必要があり、税金をつかって運営されている公立図書館の場合も当然のことだろう。

必要とされている専門性をきちんと提供できているのか、計画した専門性を提供できなければ、どのように責任をとっていくのか。これこれの仕事をして、このような成果を上げるから、これだけの予算と人手が必要で、成果を上げることができなければ、縮小するということを先に提案するべきだろう。これは先手必勝。先に提案できれば、評価の枠組みを主導権をとることができる。その逆の場合は…。

（二〇〇一年一二月）

第26回　お金に笑うもの、お金に泣く

26回にわたった連載を終了するにあたって、劇作家の平田オリザさんの『芸術立国論』でしめくくりたい。平田さんは、桜美林大学で、演劇を教えているが、ただ、芝居の作り方を教えているだけではなく、アートマネジメントと呼ばれる内容も教えている。芸術をどう成り立たせていくかということだが、それは、芸術とは何かとか、文化だから、大事にしなければいけないとか、そのような内容ではない。観客から、対価を受け取りつつ、いろいろな芸術助成金を取ってきたり、さまざまな経済活動も行いながら、いかに芸術を運営していくかという非常に具体的なものだとのことだ。

だから、大学の学内で演劇の公演を行う際にも、企画した学生は、当然、チケットを売り、その運営費に充てる。芸術活動とともに、そのような経済活動自体も、芸術を成り立たせる重要な要素として学んでいくのである。ところが、学内の教師にチケットを買ってくださいと言った時のことだろうが、その学生に対して、学内でお金をとる活動をしていいのか、と言われたという。学校という公共の施設の中で、行う行為は、無料であるべきだという思いこみがあるようだ。みなさんは、どう思われるだろうか。お金を、とってはいけないということを当然だと思われるのか、その教師は偏狭だと思われるだろ

うか。学費とは何なのだろうか。

私は、仕事柄、いろいろな学会に行って本を売ることがある。10年ほど前のことだが、民俗学会が、鹿児島で開かれた時、県立ホールで大会が行われたが、館内では、販売禁止であると言われて、困ったことがある。出張費も払って、本を売りに来ているのである。当然、展示代は払う。その学会に関係する研究書を売りに来ている。発表している人の研究である。研究は、人に読まれてはじめて、評価されるし、その内容が社会に共有される。学者として学会で発表することをサポートするものであるのに、金銭が授受されるというだけで、別の世界であるということは不思議なことであると私は思う。とはいうものの、ある国際学会の開催に際して、書籍の販売を申し出たところ、拒否され、そのことを新聞記者に話したが、売ること自体おかしいという反応で困ったことがある。多くの人には分かりにくいことなのだろうか?

公的施設では、経済的な活動は、除外されているし、おとしめられているような気がする。儲けるのを手助けするとはなんたることかという感覚。無料でやりとりしている行為は、公共性があるが、売り買いには公共性はないという、黒か白かで割り切ってしまう考え方。これは根が深いのではないか。図書館の業界で言えば、たとえば、名著である『図書館の発見』の中にどうしても納得できない箇所があるが、それは大橋図書館への評価である。大橋図書館は、有料だったということと博文館という明治時代の大出版社の経営者大橋家という資産家によるフィランソロピーであるという理由からだと思うが、きちんとしたコメントもなく切り捨てられる。戦前は国会図書館の前進である帝国図書館も有料であったというのに。貴重なフィランソロピーまでも評価しないというのは、公共性は行政によって行われないといけないというお上に依存した発想で、市民の主体性を認めた発想ではない。大橋図書館の蔵書は、戦後、日比谷図書館に吸収されるという可能性もあったわけで、ニューヨークのパブリックライブラリーのようにフィランソロピーと都の連帯として生まれ変わる可能性もあったことを今の段階で想像してみることは意味のないことではないだろう。

このような風土が、行政側にも、公共施設側にもあり、公共図書館の理論家にもあり、その結果、コスト意識も、マネジメント意識も消え失せ、委託やPFIであわてふためくようになってしまったのではないか。税金の費用対効果がないと言われても、何のことかわからないし、本の再生産の経済を破壊するコピーの問題にも関心を払わない。

情報を作り出すためには、様々なコストがかかる。再生産の過程を運営していくためにはコストがかかるのである。そのコストを他者に対しては認めないで、自分の予算や給与が切り下げられるとあわてふためくということはどういうことなのだろうか?

アートマネジメントと同様、ナレッジもマネジメントされなければ、存続も発展もない。私は、図書館学の中に「知識の経営学」という項目をもうけ、専攻する学生は、本を作って売ってみたらどうだろうかと提案したい。経済的な行為を否定的な狭い視点でしか見てこなかったことが、財政が経済的に追いまくられている理由ではないのだろうか。

（二〇〇二年一月）

あとがき

公共図書館は、どうして必要なのだろうか。
それは、市民が情報へアクセスできる必要があるからであり、市民は情報を手に入れ、それを活用する権利を持っているからである。その情報は、生きていくために必要な基本的な情報の優先順位が一番高くて、好きな活動をすることを助けてくれることが次で、くつろげるとか、楽しみのための楽しみというのがつづいていく。さらには時間つぶしのための本。

時間つぶしのための本は、人の心を癒す。それが必要がないということではさらさらないが、多くの公共図書館では順序が逆になっていることが多い。それでは、税金を投入する意味が生まれて来にくい。基本的な情報であり、そこから、何かが生まれてくるところだからこそ、公的な税金を投入する意味があり、不況の時こそ、景気のよいときよりもさらに税金を投入する必要がある。さらには、何かを生み出すという視点があれば、娯楽の本と思われている本であっても、アイディアを生み出すみなもとにもなる。

生きていくのに必要不可欠な情報が、人生を決め、生活を成り立たせるための情報だと思う。現在は、混沌の時代であり、人それぞれが自分で生きて行く道を決めていく時代になった。そのためには情報が必要である。新しくて新鮮で、発見のある情報が必要だ。そのインフラが、公共図書館であると信じる。そしてそこに市民の情報を提供する重要な役割を果たすものの一つが、出版社であると信じたい。そうでなければ、存在理由はないだろう。

こんな単純なことを言うために、本書はできあがった。この本のもとになった『図書館の学校』に連載していたときと、状況は変わり、私も変わっているが、これらの文章に価値があるとしたら、その時々に思いついた発想であると思う。折に触れての進化する図書館の会のメンバー、ビジネス支援図書館推進協議会に関わっている方々との議論に恩恵を受けていることを感謝したい。

最後に、本書は、私の『ルネッサンスパブリッシャー宣言』（一九九九年）の後の仕事の報告になっている。ここに流れる基調は、マネジメントということである。それは実は、人を育てる困難さを実感したことから、はじまっている。私は、小さいながらも出版社の経営者であったわけであるが、マネジメントについて自覚的に考えたことが全然なかった。ハッと気が付いて、そのことを考えはじめた。マネジメントということを考えはじめなければ、ビジネス支援などということは思い浮かばなかった。気が付いてみると、もっとも重要なことのように思える。このテーマはこの先も追いかけていくことになるだろう。そのことを気が付かせてくれたという点で、この本のもとになった連載を執筆している期間にひつじ書房に関わってくれたスタッフに感謝したい。

また、さらに、出版という困難なビジネスをいっしょに遂行している妻と現在の社員たちに感謝する。発表する場所を与えてくれた『図書館の学校』の松田伊織さんに、感謝します。

もちろん、本書の最終的な責任は、私個人にある。

松本 功（まつもと・いさお）
東京大学元非常勤講師　ＮＰＯ法人市民コンピュータコミュニケーション研究会（ＪＣＡＦＥ）理事
進化する図書館の会代表　ひつじ書房代表取締役
『ルネッサンスパブリッシャー宣言』（ひつじ書房　１９９９）

税金を使う図書館から税金を作る図書館へ

発行　二〇〇二年九月一七日　初版一刷　二〇〇三年五月一六日　初版二刷　定価　九〇〇円＋税

著者――――松本 功
発行者―――松本 久美子
発行所―――有限会社ひつじ書房
１１２―０００２　東京都文京区小石川５―２１―５
電話番号０３・５６８４・６８７１　ファックス番号０３・５６８４・６８７２　郵便振替００１２０―８―１４２８５２
印刷所・製本所――三美印刷株式会社
表紙デザイン――中山銀士＋佐藤睦美

造本には充分注意をしておりますが、落丁乱丁などがございましたら、小社宛お送り下さい。送料小社負担でお取り替えいたします。
ご意見、ご感想など、小社までお寄せ下されば幸いです。
toiawase@hituzi.co.jp
http://www.hituzi.co.jp/

ISBN　4-89476-160-2　C 0000　Printed in Japan